基于漏磁内检测器的管道缺陷数据处理方法

阎洪涛　刘金海　卢森骧　王少平　著

科学出版社

北　京

内 容 简 介

漏磁内检测技术作为管道无损检测领域最为重要的技术之一,广泛地应用于各种类型的管道实际检测之中。本书内容基于工程应用的角度,系统地阐述了无损检测技术的基本原理、漏磁检测的有限元分析方法、漏磁数据的预处理技术、漏磁信号的特征选择与提取、管道缺陷的反演方法,以及漏磁数据和管道缺陷的可视化呈现技术。

为了方便读者学习,本书给出了大量的工程实例,并且提供了多种案例的分析结果。书中的示例大部分来自于作者多年对在役管道进行检测时获取到的典型案例,读者通过对工程实例的学习,肯定能掌握漏磁技术在管道检测中的实际应用技能。

本书可供电磁无损检测相关技术和工程人员参考,也可作为管道漏磁内检测人员的资格培训和高等院校相关专业的参考教材。

图书在版编目(CIP)数据

基于漏磁内检测器的管道缺陷数据处理方法/阎洪涛等著 . —北京:科学出版社,2016

ISBN 978-7-03-050305-3

Ⅰ.①基… Ⅱ.①阎… Ⅲ.①管道运输-漏磁-检测器-管道检测-数据处理 Ⅳ.①U17

中国版本图书馆 CIP 数据核字(2016)第 257986 号

责任编辑:姚庆爽 / 责任校对:桂伟利
责任印制:张 伟 / 封面设计:迷底书装

科学出版社出版
北京东黄城根北街 16 号
邮政编码:100717
http://www.sciencep.com

北京教图印刷有限公司 印刷
科学出版社发行 各地新华书店经销

*

2016 年 10 月第 一 版 开本:720×1000 B5
2016 年 10 月第一次印刷 印张:13
字数:257 000

定价:80.00 元
(如有印装质量问题,我社负责调换)

前　　言

随着世界经济的快速发展,石油、天然气的用量持续攀升,陆上约70％的石油和99％的天然气依靠管道来输送,石油天然气的管道运输对国民经济起着非常重要的作用,被称为"能源血脉"。近几年,中国的管道输油(气)里程呈现快速增长的态势,从2008年的5.83万公里,上升至2012年底的9.01万公里,到2014年底达到了10.63万公里,已建成"西北、东北、西南、海上"四大油气战略通道,三纵四横管道走廊初见规模。

随着管道服役时间的增长,因管道材质问题或施工、腐蚀和外力作用造成的损伤,使管道状况逐渐恶化,潜在危险很大。管道内检测是国内外管道行业公认的管道安全检测的最有效手段,国际上已立法明确应用内检测方法进行管道检测。管道内检测器是以管道输送介质为行进动力,通过在管道中行走对管道进行在线直接无损检测,确定管道变形、腐蚀、裂纹、缺陷的程度,为管道运行、维护、安全评估提供科学依据。

管道内检测技术主要包括:漏磁型、超声型、涡流型以及射线型等,其中漏磁检测技术是应用最广泛、技术最成熟的铁磁性管道缺陷检测技术。漏磁检测方法建立在管道铁磁性材料的高磁导率这一特性上,是通过获取被磁化的管道缺陷处引起泄漏到外部的磁通信号,再经信号处理装置得到与缺陷形状有关的电信号的一种方法。国外90％以上管道内检测设备采用漏磁检测技术,我国管道内检测也以漏磁内检测器技术为主。

漏磁内检测技术主要分为两个主要部分:一部分为内检测器装置设计制造技术,另外一部分是数据分析技术。

作者在中海油重大项目、国家自然科学基金以及国家863重大课题等众多项目的支持下,在"十二五"期间研制成功高分辨率海底管道漏磁内检测器以及数据自动分析系统,并申请了一系列专利,发表了多篇学术论文。本书反映了作者在漏磁内检测数据分析方面的研究成果,此外还参考国内外有关数据和大量的文献资料,尝试对漏磁内检测数据分析做一个全面的总结。

全书分为6章。第1章绪论;第2章介绍漏磁检测的理论基础及有限元分析方法;第3章介绍漏磁数据的预处理技术,包括数据校正和滤波技术;第4章介绍漏磁内检测数据的特征提取以及特征选择方法;第5章介绍了管道缺陷的反演方法,包括迭代反演方法和直接反演方法;第6章介绍如何实现漏磁数据的直观呈现方法。本书研究和编写过程中,阎洪涛主要完成第1、6章主要研究和编写工作,刘金海主要完成第 2、4、5 章研究和编写工作,卢森骧主要完成第 3 章研究和编写工作,王少平主要完成第 6 章部分研究工作,全书由阎洪涛主审。

本书虽然针对漏磁数据进行分析,但由于数据分析具有通用性,本书的读者对象为从事数据分析和研究的科研人员、博士研究生和硕士研究生。读者应具有信号与系统、信号处理、有限元分析、人工智能、数理统计等方面的基础知识。

在成书过程中,东北大学博士生温胤镭参与了第 5 章的研究工作,硕士研究生孙少欣、张鹏俏、王婷婷、任妍、呼笑笑等参与了本书的仿真、打字、绘图、排版等工作。在此,谨向对我们的编写工作给予积极支持和大力帮助的人们表示诚挚的谢意!

目　　录

第1章 绪　　论

1.1 管道漏磁内检测的意义

1.1.1 管道漏磁内检测技术的目的意义

石油和天然气等是具有流体特性的不可再生资源,因其没有一定的形状,管道运输在不受气候骤变和环境突变影响的同时还可以跨越长距离大量运输,因此管道运输是运输石油气等流体的必然选择。当油气输送过程中发生管道泄漏尤其爆管时,轻则造成经济损失、能源损失,对生态环境产生不利影响,重则造成人员伤亡。管道运输的泄漏检测与管道维护是管道运输的重要难题之一。

管道内检测技术能够攻克所检测管道的缺陷位置难题,不仅能够准确定位,而且还能够实现实时预警,同时能够识别出缺陷的类型甚至大小,进而在维护管道方面提供强而有力的科学依据与特征提取方法,在很大程度上避免了管道的盲目维修,大大减少了管道维修所花费的人力和物力等。管道内检测机器人主要通过直接无损的方法对管道进行在线检测,其在管道中行走前进的动力为管道输送介质,通过对采集到的数据进行处理分析得出管道的变形、缺陷、腐蚀、裂纹程度情况并且能够对其进行准确定位。管道无损检测在管道安全工程中能够准确无误定位到管道缺陷部位,详细了解管道运行状况,是保证管道科学高效与安全有效运营的方法。通过采用科学有效无损检测手段可以实现管道的寿命预测,延长管道的使用寿命以及事故前预防,并且经济效益也得到了大大提升。

1.1.2 管道漏磁内检测技术国内外发展现状

1. 国外研究概况

国外对漏磁检测技术的研究[1]很早,在1933年,Zuschlug就首先提出了漏磁场测量时采用磁敏传感器的观点,但Hastings在1947年才设计了第一套漏磁检测系统,这时社会普遍开始承认漏磁检测技术[2]。联邦德国Forster 20世纪50年代研制出了具有产品化性质的漏磁探伤装置。美国TubecopeVetco国际公司于1965年首次在进行管内检测时采用漏磁检测装置Linalog,并且开发了Wellcheck井口探测系统,可以比较准确地探测到位于管材内外径上的横向伤痕、腐蚀坑以及其他一些类型的缺陷。英国天然气公司在1973年,首次引入了定量分析方法,该公司对一条具有600mm直径、在其管辖范围内的天然气管道的管壁腐蚀减薄状况采用漏磁法进行了在役检测[3]。ICO 公司研发的 EMI 漏磁探伤系统利用漏磁探伤部分,检测管体的纵向缺陷与横向缺陷,结合超声技术测量壁厚,可以实现完整现场探伤。

1966 年是缺陷漏磁场计算的里程碑,Shcherb-inin 和 Zatsepin 在计算表面开口的无限长裂纹时是通过建立磁偶极子模型的方法,苏联同年也发表了第一篇关于缺陷漏磁场定量分析的论文,在论文中指出通过无限长磁偶极线、磁偶极子以及无限长磁偶带进行工件表面的深裂缝、浅裂纹、点状缺陷的模拟。随后,德、日、苏、美、英等国相继对缺陷漏磁场领域开展研究,形成了研究有限元法以及磁偶极子法两大学派。Poshagin 与 Shcherbinnin 采用磁偶极子模型的方法进行了有限长表面开口裂纹的磁场分布的计算。1975 年,Hwang 和 Lord 在分析漏磁场时,第一次采用有限元方法将材料内部场强与磁导率同漏磁场幅值相结合。Atherton[4,5]将管壁坑状的缺陷漏磁场计算和实验测量的结果相结合,得出了较为统一的结论。Edwards 和 Palaer[2]得到了关于有限长开口裂纹的三维表达式,并从中导出当材料的相对磁导率远远高于缺陷深宽比时,漏磁场强度和缺陷深度关系近似呈线性的结论。

2. 国内研究现状

我国对漏磁检测技术的研究开始于 90 年代初。在 2002 年,我国研制出钢板和管道腐蚀漏磁检测仪[6],与欧美等发达国家相比,其总体技术水平远远落后。近年来,我国已有许多高等高校以及研究单位在国内无损检测工作者的不懈努力下,在漏磁检测方面取得了可观成果,逐渐缩小了和国际水平的差距。

国内进行漏磁检测技术研究的高校主要包括华中科技大学、清华大学、沈阳工业大学、合肥工业大学、上海交通大学等。其中华中科技大学的杨叔子、康宜华、武新军等,主要从事钢丝绳的漏磁检测、管道漏磁无损检测传感器的研制、储罐底板漏磁检测研究[7]等方面的研究。他们进行了大量的实验,通过 ANSYS 软件对传感器励磁装置的参数与钢板局部磁化的关系进行了分析[8],对相应的漏磁检测传感器也进行了设计等;清华大学的李路明、黄松龄等对铁铸件的漏磁探伤方法[9]、管道的漏磁探伤等方面进行了研究,在探究永磁体几何参数对管道磁化效果的影响[10]时,也利用了有限元分析方法。同时他们对漏磁探伤中各种量之间的数值关系进行了分析,诸如对磁化频率的选取原则的分析问题、交直流磁化问题[11]、表面裂纹宽度影响漏磁场 Y 分量的问题、基于漏磁检测交流磁化的磁化电流进行频率选择问题等;沈阳工业大学的杨理践等,采用时域分析理论分析研究了管道漏磁信号,对小波包在管道漏磁信号分析中的应用[12]进行了分析,对以单片机控制系统为背景的管道漏磁在线检测系统[13,14]进行了深度研究;合肥工业大学的何辅云对在役管线漏磁无损检测设备进行了研制,采用多路缺陷信号的滑环传送方法[15]进行了漏磁探伤;上海交通大学的金建华与阙沛文等对海底管道缺陷漏磁的检测进行了研究,对漏磁检测信号进行去噪实验时采用小波分析方法对海底管道缺陷漏磁检测进行研究[16],同时漏磁检测系统中应用了巨磁阻传感器[17],对适用于输气、输油管道专用漏磁检测传感器[18]进行了研制;中原油田钻井机械仪器研究所基于抽油杆井口的漏磁无损检测装置进行了研制与开发;军械工程学院研制开发了智能漏磁裂纹检测仪,可以定量检测钢质构件的内部与表面的裂纹[19];中国科学院金属研究所研究员蔡桂喜研究了漏磁探伤和磁粉探伤对裂伤缺陷检出能力的影响,采用环电流模型对各种矩形槽形状自然或人工缺陷产生的漏磁场进行了计算,得到了漏磁与磁粉两种方法不适用于检测开裂缝隙很窄的疲劳裂纹的结论[20]。爱德森公司利用多信息融合技术研制出低频电磁场、磁记忆、集涡流、漏磁为一体的可以获得多种检测信号的便携式检测仪器,适用于流动现场的检测。

3. 漏磁检测装置的市场应用概况

近年来,由德国、美国、英国生产的产品处于垄断态势。我国生产的漏磁检测装置相对比较少,国内大部分工矿企业进行检测时主要利用进口的检测装置[21]。目前,国内无缝钢管及油田生产企业一些大型的机电一体化检测设备,如抽油杆在线漏磁探伤、无缝管、管道智能爬行器等,主要从德国与美国引进。

漏磁检测广泛应用在钢厂[22],如检测钢缆、钢棒、圆钢、钢构、钢管、钢坯等,以及棒材、管材、储罐底板的长距离输送和铁轨、钢丝绳、埋地管道及车轮的检测等。

1.2　管道漏磁内检测技术概述

1.2.1　漏磁检测原理

漏磁检测方法同金属磁记忆检测方法、微波检测方法以及涡流检测方法一样、均属于电磁(Electromagnetic,EM)无损检测方法[21]。该方法主要应用于诸如埋地管道、钢结构件、钢板、钢管、输油气管、储油罐底板、钢棒、链条、钢丝绳等铁磁性材料表面及近表面的夹杂、焊缝、凹坑、腐蚀、气孔、裂纹等缺陷的检测。漏磁无损检测技术应用领域广泛,诸如钢铁、石化、石油等领域均有应用。质量控制技术在快速发展进步,但我国的漏磁检测技术发展却相对滞后,这就造成了我国对于漏磁探伤设备的市场需求与日俱增。因此,对于当前我国无损检测业界来说,赶超国外漏磁探伤设备制造技术是重要且迫在眉睫的任务。

无损检测中的漏磁检测是通过利用材料物理性质因为缺陷的存在而发生了变化这一现象,测量它的变化量,进而判断材料缺陷存在与否,其基本原理如图 1.1 所示。

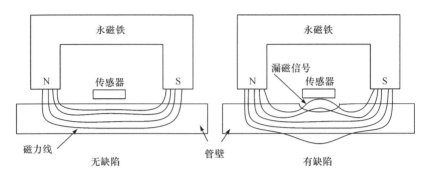

图 1.1　漏磁检测原理图

当用磁化器磁化材质均匀连续的被测铁磁材料时,那么磁感应线将会被约束在被测铁磁材料中,基本上在材料表面不会有磁感应线穿出,并且磁通与材料表面相平行,可以说被检表面是不存在磁场的。但当材料中有缺陷时,缺陷就会切割磁力线,磁导率会因为铁磁材料的组织状态变化或者缺陷而发生变化。由于缺陷的磁阻很大,磁导率很小,这将导致磁路中的磁通畸变,进而影响磁感应线改变路径,其中一部分会绕过缺陷而通过材料内部,一部分磁通会直接通过缺陷,另一部分磁通会穿出材料表面,通过介质空气避开缺陷,然后重新进入材料,进而在材料表面的缺陷处形成漏磁场。正因为材料表面的缺陷或组织状态变化会使磁导率发生变化的特性,通过该方式实现缺陷位置的检测,通常情况下,采用磁敏传感器进行漏磁通检测的方法即为漏磁检测法,采用磁粉进行漏磁通检测的方法称为磁粉检测法[23]。

漏磁检测主要用于检测铁磁性材料的表面及近表面,只限于铁磁性材料的检测。漏磁探伤时,首先被测铁磁材料,测量其漏磁场信号,然后通过数据处理、分析、判断,得出检测结果,最后按照实际情况决定是否退磁。漏磁检测方法具有很多优势,诸如检测灵敏度高、探头结构简单、可以实现缺陷的初步量化、不需要耦合剂、易于实现自动化、无污染、检测时一般不需要对表面进行清洗处理等。

1.2.2　管道检测方法

管道内检测技术与管道外检测技术形成了管道故障检测的两种主要方法[24,25]。管道外检测主要应用于事后处理,对管道已经发生的泄漏进行提示报警,降低由于泄漏而产生的损失,不能有效预警即将发生的泄漏。而且管道外检测技术有一定的局限性,只适用于陆地铺设的管道,无法对海底油气管道进行检测。而针对于另一种管道故障检测技术而言,其内检测技术具有更加完善的技术。在国内外范畴上,行业公认且行之有效的安全检测最有效手段就是管道内检测技术,即为无损检测技术,而不同于任何以往的破坏性检测。该检测技术就是在不破坏管道化学性质和原有状态的基础上获取管道特征的检查方法。目前,内检测技术主要包括:涡流检测技术、超声波检测技术、光学检测技术以及漏磁检测技术等。管道内检测技术通过具有信息存储、采集和处理等强大信息处理功能的内检测器进行管道内部检测。管道内部检测装置借助管道内介质的物理流动作用作为动力在管道内移动。当内检测装置在管道中被取出后,再针对于检测器所采集到的完整数据结构进行分析和处理。并且经过相应计算得到管道被腐蚀的缺陷位置和具体所处位置信息。

1.3 漏磁内检测基本流程

漏磁内检测基本流程包括检测流程、数据处理流程、数据呈现流程等。

1.3.1 检测流程

按照油气管道完整性管理标准体系,可以制定合理的油气管道内检测流程规范,包括以下内容。

1. 制定详细的监测方案

检测方案包括:①管道内检测的工作内容;②需要参与的各方组织机构及各自职责范围;③管道如何清管,推荐使用的清管装置;④推荐使用的缺陷检测技术;⑤内检测设备运行中的程序和步骤;⑥球速控制方案与日程安排;⑦跟踪方式及方式(连续或离散跟踪);⑧确认用在检测装置中的基准定位系统;⑨检测数据处理和报告要求;⑩意外事故预测及相应的应急预案。

2. 检测前的准备工作

准备工作包括:①完成管道的调查表,填写管道的摘要信息和管道的特征;②需要的器材、人员、运输及车辆设备;③落实设备与人员;④确认需要放入管道的测径板装置;⑤确认所有可能制约检测的弯曲部分和零件,并确定怎样通过;⑥为执行检测任务而要进行的管道改造;⑦确认检测器在管道内部(改造过的和未改造的)检测的有效性;⑧检查需要在管道中运行的测径仪;⑨检查为测径仪而设置的地面标记(定标点);⑩检查发球筒和收球筒有效的工作空间,应有足够的球筒长度;⑪管线的里程与标记。

3. 清管

(1) 常规清管:至少一次,通过能力不低于日常使用的清管器;
(2) 测径清管:至少一次,使用带测径板的清管器

(3) 特殊清管:根据清管结果选择合适的特殊机械清管器。检测前宜用磁力清管器清除铁磁性杂质。

清管依据标准(SY/T 6148—1995)《输油管线清管作业规程》、(SY/T 5922—2003)《天然气管道运行规范》和(SY/T 6383—1999)《长输天然气管道清管作业规程》。

4. 内检测

(1) 投运模拟器。

(2) 投运检测器:①检测器发送;②跟踪设标;③检测器接收(外观检查和清洁处理);④转储并备份监测数据。

5. 数据分析

(1) 检查数据的完整性:①各通道信号应清晰、完整;②地面标记数据应齐全;③若数据不完整应分析原因,重新检测。

(2) 缺陷数据分析整理。

6. 提交检测报告

检测报告应包括:①检测工程概述;②腐蚀检测器技术指标;③检测到缺陷的摘要和统计;④严重金属损失全面描述表(开挖表);⑤管道特征列表:金属损失、焊缝、弯头、三通、小开孔、法兰、阀门、管道、补丁、定位磁铁、贴近的金属等;⑥地面定标点列表。

另外,内检测缺陷评估的作用有以下几点:①明确管道的实际状况;②预测缺陷增长率;③定制相应修复计划;④提出管道修复措施;⑤确定管道再检测时间间隔;⑥避免不必要的修复或者过多的修复。

1.3.2　数据处理流程

数据处理流程包括漏磁检测数据预处理、缺陷检测及特征辨识、漏磁检测反演等环节。

1. 漏磁检测数据预处理

数据预处理技术属于对检测到的原始数据进行初加工,数据预处理技术主要分为四部分:数据有效性判定、数据校正、数据滤波和数据辅助信息计算。

2. 缺陷检测及特征辨识

特征提取是从状态信号中提取与设备故障有关的特征信息,是故障诊断过程中的关键环节。通过内检测器对管道缺陷的所在位置、缺陷的尺寸和类型等管道质量评估信息的确定,并及时地回归出管道缺陷形状,可以提前发现管道体上所存在的缺陷,这也使得我们可以对油气管道进行有预防性、针对性缺陷修复。由于漏磁型检测装置对检测环境的要求很低,可以兼用于输油管道和输气管道,是目前应用最广泛的管道检测设备[26]。

当特征信号是静态信号时,特征信号即是征兆,对特征进行检验,做出相应决策。当特征信号为动态信号时,首先根据实际情况选择既能反映系统状态指标,又能方便测量的特征信号;然后通过对特征信号进行分析处理提取便于决策的征兆;最后根据故障征兆、标准模式和判别准则识别故障。

3. 漏磁检测反演

在漏磁检测中,漏磁信号的处理以及缺陷的量化识别是管道漏磁检测的核心环节。漏磁检测信号的量化识别过程就是根据漏磁检测信号确定被测材料中是否存在缺陷、并标定缺陷的位置和形状,进而实现缺陷检测的可视化,称为漏磁检测的反演问题。

管道漏磁检测的缺陷反演,是求解一类典型的非线性映射问题,其实质上就是指从检测的漏磁信号的特征中恢复出缺陷轮廓的几何参数,属于逆向问题。

1.3.3 数据呈现流程

由于漏磁数据量很大,因此在数据显示时不可能将全部数据一并读入到内存中来进行显示。因此,缺陷的可视化就显得极为重要。

漏磁数据显示视图有三种:曲线视图、灰度视图和彩色视图。图像经过一步一步的优化后,可以清晰、直观、形象地显示信号数据的变化和管道的特征信息。另外,通过曲线图和灰度图两种图形的同步切换可以实现管道缺陷和管道特征的双重定位。正确合理地显示数据信息有助于漏磁数据的缺陷分析,提高分析的效率和质量。

参 考 文 献

[1] 孙永苏. 国外漏磁探伤现状[J]. 无损检测,1986,8(11):304-307.

[2] Edwards C,Palaer S B. The prod magnetization method of magnetic particle inspection[J]. British NDT,1983,22(4):305-306.

[3] 李路明,黄松龄,杨海青,等. 抽油管壁磨损量检测方法[J]. 清华大学学报,2002,42(4):509-511.

[4] Atherton D L. Finite element calculations and computer measurements of magnetic flux leakage patterns for pits[J]. British Journal of NDT,1988,30(2):159-163.

[5] Atherton D L. Magnetic inspection is key to ensuring safe pipelines[J]. Oil and Gas Journals,

2008,87(8):45-47.

[6] 沈功田. 中国无损检测进展[J]. NDT 无损检测,2005,45(2):67-89.

[7] 刘志平,康宜华,武新军,等. 储罐底板漏磁检测传感器设计[J]. 无损检测,2004,26(12):612-615.

[8] 吴先梅,钱梦马. 有限元法在管道漏磁检测中的应用[J]. 无损检测,2000,22(4):147-150.

[9] 李路明,黄松龄,李振星,等. 铸铁件的漏磁检测方法[J]. 清华大学学报,2002,42(4):474-476.

[10] 黄松龄. 管道磁化的有限元优化设计[J]. 清华大学学报,2000,40(2):67-69.

[11] 李路明,黄松龄,施克仁. 漏磁检测的交直流磁化问题[J]. 清华大学学报,2002,42(2):154-156.

[12] 杨理践,李松松,王玉梅,等. 小波包在管道漏磁信号分析中的应用[J]. 仪器仪表学报,2002,21(6):12-15.

[13] 杨理践,马凤铭,高松巍. 管道漏磁在线检测系统的研究[J]. 仪器仪表学报,2004,33(8):44-46.

[14] 金建华,阙沛文,杨叔子. 油管腐蚀缺陷的在线检测技术[J]. 计算机测量与控制,2002,10(11):716-718.

[15] 何辅云. 漏磁探伤中多路缺陷信号的滑环传送方法[J]. 合肥工业大学学报(自然科学版),1998,43(6):128-132.

[16] 金涛,阙沛文. 小波分析对漏磁检测噪声消除实验的分析[J]. 传感技术学报,2003,16(3):260-262.

[17] 周林,阙沛文. 海底输油管道缺陷漏磁检测信号采集与处理系统的设计[J]. 计算机测量与控制,2004,12(2):120-121.

[18] 陈亮,阙沛文,黄侥英,等. 一种新型磁阻式传感器在漏磁检测中的应用[J]. 传感器技术,2004,23(10):25-28.

[19] 徐章遂,靳英卫,张政保,等. 基于磁检测的螺栓孔裂纹定量检测方法[J]. 无损检测,2001,36(6):237-239.

[20] 蔡桂喜. 磁粉和漏磁探伤对裂纹状缺陷检出能力的研究[C]. 鞍山:爱德森(厦门)电子有限公司 NDT 事业部,2004,40-48.

[21] 黄松岭. 电磁无损检测新技术[M]. 北京:清华大学出版社,2014,14-17.

[22] 王亚东. 钢管漏磁检测技术研究[D]. 大庆:大庆石油学院,2004.

[23] 仲维畅. 磁偶极子与磁粉探伤——磁粉探伤原理之一[J]. 无损检测,1990,12(3):66-70.

[24] 康宜华,武新军,杨叔子. 磁性无损检测技术中的信号处理技术[J]. 无损检测,2002,24(6):255-259.

[25] 李家伟,陈积懋,李路明. 无损检测手册[M]. 北京:机械工业出版社,2002,1-8.

[26] Atherton D L. Finite element evaluation of magnetic flux leakage detector signals[J]. NDT International,1987,8,20(4):235.

第 2 章　管道漏磁检测理论基础

2.1　引　　言

漏磁检测方法是一项自动化程度较高的磁学检测技术,其原理如下:当用磁化器磁化被测铁磁材料时,若材料的材质是连续、均匀的,则材料中的磁感应线将被约束在材料中,磁通是平行于材料表面的,几乎没有磁感应线从表面穿出,被检表面没有磁场;但当材料中存在着切割磁力线的缺陷时,材料表面的缺陷或组织状态变化会使磁导率发生变化,由于缺陷的磁导率很小,磁阻很大,使磁路中的磁通发生畸变,此时磁通的形式分为三部分,有一部分磁通在材料内部绕过缺陷,还有一少部分磁通穿过缺陷,最后还有部分磁通离开材料的上、下表面经空气绕过缺陷再重新进入材料,这一部即为漏磁通,可通过传感器检测到。对检测到的漏磁信号进行去噪、分析和显示,就可以建立漏磁场和缺陷的量化关系,达到无损检测和评价的目的。

电磁技术起源较早,1933 年 Zuschlug 提出利用磁敏感元件进行漏磁场检测的思想。1988 年,Atherton 利用二维有限元分析方法,结合管道压力对管道磁导率的影响,通过研制特定的检测装置对漏磁场的分布做了具体分析,得出漏磁信号与裂纹集合参数之间的对应关系。此时,电磁技术才开始在缺陷具体信息的检测方面取得一定的进展[1,2],并广泛应用于钢板、钢丝绳、储罐底板和钢管等铁磁构件的检测[3-5]。2009 年,Dutta 和 Ghorbel 等自建磁偶极子模型模拟分析三维漏磁场的分布。Carvalho、Rebello 等利用人工神经网络(ANN)算法,可识别检测结果中缺陷信号和非缺陷信号。目前,国外关于漏磁检测的研究热点是:当工件上两个缺陷距离非常近,彼此的漏磁场相互干扰时,如何对缺陷的深度进行定量。日本学者 Yuji Gotoh 和 NorioTakahashi 采用有限元分析方法对缺陷模型进行分析,解决了此问题[6,7]。我国管道检测技术起步比较晚,但进步很快。康中尉于 2006 年 11 月发表了"矩形缺陷的交变漏磁检测信号分析方法",文中利用 ANSYS 仿真软件,首先对交变漏磁检测中影响矩形缺陷信号的各项因素进行了分析,并以此为基础,提出了以矩形缺陷为基本单元的信号分析方法。利用该方法分析了截面为梯形和圆形,及其他任意形状的直线裂纹的检测信号特点,同时也分析了圆弧形裂纹以及其他任意形状的非直线裂纹的检测信号特点,并对上述不同类型缺陷的识别进行了详细的论述。天津大学王太勇等对油气管道缺陷进行漏磁检测试验,采用了谱熵分析法提取并分析检测信号的特征[8]。中国特种设备检测研究院蔡景明等针对现有管道外部漏磁检测仪的不足,开展了基于 ANSYS 有限元的仿真计算。厦门大学吴德会等对交流漏磁检测法趋肤深度的机理开展了实验研究,验证了仿真的有效性,为后续研究提供了理论和实验依据[9]。

本章在介绍漏磁检测技术基本理论的同时,也介绍了对三维漏磁检测模型进行有限元仿真的方法。

2.2　漏磁检测理论基础

漏磁检测方法通常与涡流、微波、金属磁记忆一起被列为电磁无损检测方法。在众多电磁检测技术中,漏磁检测是地理输油、输气等管道最主要的检测方法,且高效、无污染,可实现缺陷的量化,可以从根本上解决在磁粉、渗透方法中人为因素的影响,具有较高的检测可靠性。因而,本书对管道漏磁检测技术进行深入研究。

管道漏磁检测框图如图 2.1 所示。整个检测过程是:①磁化管道,使管道缺陷处产生漏磁场;②利用磁传感器组成的检测电路来检测漏磁场的变化,对信号预处理,剔除数据中的噪声;③提取缺陷漏磁信号的特征,对漏磁信号进行反演,求出缺陷的形状参数。

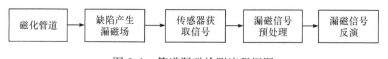

图 2.1　管道漏磁检测流程框图

2.2.1　漏磁场形成

管道电磁检测器的检测装置结构由永磁体、轭铁、铁刷、霍尔传感器及相关电路组成。当管道材料不存在缺陷时,磁力线绝大部分通过管壁,磁场经永磁体、轭铁、铁刷及钢板形成回路,这时管道材料中的磁感应线将都均匀分布,无大量漏磁通溢出;当管道材料内、外表面存在着缺陷时,缺陷切割磁力线,由于缺陷的磁导率小,磁阻很大,使磁力线在管壁中改变路径。大部分改变路径的磁通将优先从磁阻较小的缺陷底部的管壁中通过,使这部分管壁趋于饱和,不能接受更多的磁力线。此时,有一部分磁力线就会泄漏出管壁表面,当越过缺陷后进入管壁中,因而形成缺陷漏磁场,被霍尔传感器采集并记录磁场的磁感强度数值,完成缺陷的检测。管道漏磁检测的原理模型如图 2.2 所示。

同样尺寸的缺陷,位于表面上和表面下形成的漏磁场不同:表面上缺陷产生的漏磁场大;缺陷在表面下时,形成的漏磁场将显著变小。所以,漏磁通法适用于各种铁磁材料,可以对裂纹、腐蚀等缺陷进行检验,并可以判别缺陷的位置,且检测时不需要耦合剂,也不容易发生漏检。

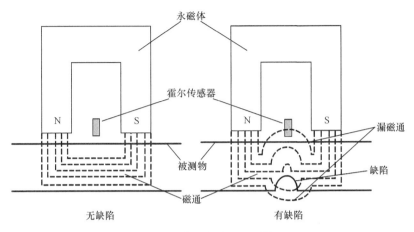

图 2.2　霍尔检测器原理模型

2.2.2　求解漏磁场的方法

漏磁场是磁源在磁化过程中并未在规定的磁路中通过,溢出特定磁路之外的那部分磁场。由于漏磁场的空间分布并不可见,所以在求解漏磁场的过程中需要某些方法对磁场进行分析。目前常用的有解析法和数值法,其中,解析法是基于磁偶极子模型的一种分析方法,数值法则是基于求解麦克斯维方程的一种分析方法。在管道漏磁内检测数据处理、缺陷识别等方面,这两种方法都有所应用和研究。

1. 解析法

解析法是一种相对成熟的漏磁场计算方法,它强调用已知的数或方程来代替未知的变量,最终通过求解含有未知变量的方程或不等式,获得未知变量。在众多的解析法成型理论中,磁偶极子模型相对极具代表性,磁偶极子法是用磁偶极子模拟管道表面的缺陷以求解缺陷漏磁场的一种解析方法。磁偶极子模拟方法利用静磁学可以简单直观地计算磁偶极子在空间任意点的场强,人们最开始认识缺陷漏磁场时,偶极子模型分析方法起了很大作用,但随着认识的不断加深,偶极子方法的局限性也逐渐体现出来。用这种方法分析漏磁信号得到的只是一种近似结果,这种过多的简化使模型不能与实际情况无限值逼近,在某种程度是它的适用性大打折扣。

2. 数值法

数值法计算理论是另外一种相对成熟的漏磁场计算方法,他成熟相对比解析法晚,但是数值法不受缺陷的形状等因素影响,相对先进。数值法也有很多不同的分支,最具代表性的莫过于有限元法,有限元法相对传统的解析法有很大的质的飞跃,解析法利用看不到的磁核来模拟磁场分布,有限元法则是直接模拟磁场,用磁场的计算结果直接获得场的分布,而且有限元法有不同种类和形状的单元,它们能够解决不同形状的几何模型,无论多复杂。

3. 求解方法选择

在对缺陷模型进行求解分析时,磁偶极子模型的解析法与有限元分析的数值法相比,存在以下一些局限性。

1) 磁荷分布

磁荷并不是像假设的那样均匀分布,而是随着铁磁材料磁特性的不同而呈体分布,如果考虑到材料磁特性的非线性,它的分布特征将无法用解析的方法获得。

2) 形状参数

磁偶极子模型可以对形状简单且规则的缺陷进行较为准确的计算,但对于几何形状复杂和表面以下的缺陷,采用磁偶极子方法就很难建立模型。虽然许多人针对磁荷分布问题做了许多修正来完善这一理论,但也仅仅是针对一些形状较为简单的缺陷。

3) 材料非线性

铁磁性材料在磁场的作用下,磁感应强度 B 对外部磁场强度 H 呈现强烈的非线性,磁偶极子模型没有考虑铁磁材料的非线性,无法从定量角度得到缺陷漏磁场更加精确的结果。

这些局限性使得磁偶极子模型的应用受到了限制,而建立在麦克斯韦方程基础上的数值方法克服了上述局限性。在漏磁场的计算中,应用最广泛的数值方法是有限元法,对于磁场在缺陷处的分布特点,它不再依靠磁荷分布的假定,而是通过整个场的计算获得;对于复杂的几何形状,它可以通过各种不同形状和大小的单元来逼近。材料的非线性作为参量代入有限元方程的计算中。更重要的一点是,有限元法给出了不同缺陷在一定磁场作用下在空间产生的漏磁场的大小,这要优于磁偶极子模型的解析法。

2.2.3 漏磁场理论分析

宏观电磁现象的基本规律可以非常简洁地用一个方程组,及 Maxwell 方程组来表示。这一电磁场基本方程组的基本变量为 4 个场矢量(简称场量)及两个源量:

$$
场量\begin{cases}
电场强度 E(\mathrm{V/m}) \\
磁感应强度 B(\mathrm{T}) \\
电位移矢量 D(\mathrm{C/m^2}) \\
磁场强度 H(\mathrm{A/m})
\end{cases}
\qquad
源量\begin{cases}
电流密度 J(\mathrm{A/m^2}) \\
电荷密度 \rho(\mathrm{C/m^3})
\end{cases}
$$

Maxwell 的微分形式可以表示为

$$
\begin{cases}
\nabla \times H = J + \dfrac{\partial D}{\partial t} & (2.1) \\[2mm]
\nabla \times E = -\dfrac{\partial B}{\partial t} & (2.2) \\[2mm]
\nabla \cdot B = 0 & (2.3) \\[2mm]
\nabla \cdot D = \rho & (2.4)
\end{cases}
$$

为表征在电磁场作用下媒质的宏观电磁特征性,尚需要下面 3 个媒质的构成关系式:

$$
\begin{cases}
D = \varepsilon E & (2.5) \\
B = \mu H & (2.6) \\
J = \gamma E & (2.7)
\end{cases}
$$

其中,式(2.5)～式(2.7)中引入了媒质的宏观特征参数:

$$
\begin{cases}
介电常数 \varepsilon(\mathrm{F/m}) \\
磁导率 \mu(\mathrm{H/m}) \\
电导率 \gamma(\mathrm{S/m})
\end{cases}
\qquad
\begin{cases}
真空介电常数:\varepsilon_0 = 8.854 \times 10^{-12}\mathrm{F/m} \\
真空磁导率:\mu_0 = 4\pi \times 10^{-7}\mathrm{H/m} \\
真空光速:c = (\mu_0 \varepsilon_0)^{-\frac{1}{2}} = 2.998 \times 10^{8}\mathrm{m/s}
\end{cases}
$$

由于管道内漏磁检测器的运行速度相对于采样频率而言比较低,故可以把缺陷处待求解的漏磁场作为静态磁场来描述。一切宏观的电磁现象都可以用 Maxwell 方程组来描述,在给定的边界条件下,Maxwell 方程组的微分形式如式(2.1)～式(2.4)所示。正确求解 Maxwell 方程组的前提条件是满足下式:

$$
\nabla \cdot \left(J + \frac{\partial D}{\partial t} \right) = 0 \tag{2.8}
$$

其本构方程为式(2.5)～式(2.7)所示。

在"线性""各向同性""材质均匀"的媒质中,ε、μ 和 γ 都是恒定的常数。所谓的"线性",是指媒质中各点处磁感应强度 B 与磁场强度 H 成正比;所谓"材质均匀",是指媒质的构成情况完全相同,每个点的导磁率大小一致;所谓"各向同性",是指沿着空间不同的方向,媒质的导磁性能完全相同,因此磁感应强度矢量与磁场强度矢量在空间有同一方向和范围。但在铁磁性材料中,B 与 H 之间的关系是非线性关系,μ 的数值是不确定的,是跟随磁场强度 H 变化而变化的函数:

$$
\mu = f(|H|) \tag{2.9}
$$

即方程(2.6)应改写成

$$B = \mu H + \mu_0 M_0 \qquad (2.10)$$

或

$$H = vB + \frac{1}{v_0} v M_0 \qquad (2.11)$$

$$\begin{cases} 磁化强度矩阵:M_0 \\ 磁阻率:v \\ 真空磁阻率:v_0 \end{cases}$$

在管道缺陷漏磁检测过程中,当缺陷处与检测装置之间的相对速度较低时,可以忽略速度对磁场的影响,近似为静磁场问题进行求解,Maxwell 方程组即可简化为式(2.12)和式(2.13):

$$\begin{cases} \nabla \times E = 0 & (2.12) \\ \nabla \cdot D = \rho & (2.13) \end{cases}$$

和

$$\begin{cases} \nabla \times H = J & (2.14) \\ \nabla \cdot B = 0 & (2.15) \end{cases}$$

采样矢量磁势法,引入矢量磁位函数 A 并如式(2.14)和式(2.15)定义,从而等价的矢量磁位函数的双旋度方程为式(2.16):

$$\nabla \times \frac{1}{\mu} \nabla \times A = J \qquad (2.16)$$

2.3 管道漏磁检测有限元分析

2.3.1 有限元分析原理

有限元方法作为一种数值分析的方法,不仅能适应复杂的几何形状与边界条件,而且还能成功地用于非均匀介质和多种介质的问题,它是求解电磁场偏微分方程的近似解的一种数值分析方法。当利用有限单元来描述一个问题时,磁场变量原来节点的函数值会变成新的变量,所以一旦这些变量被求出来之后,磁场的变量模型就可以用来确定单元集合体的磁场变量,从数学的意义上来说,有限元方法是以变分原理作为基础把需要求解的所有微分方程问题转变为等价的变分方程问题,再通过离散的处理来构建分部分求解的有限元的子空间,从而把原来的变分方程问题转化成为有限元子空间的多元函数的极值求解问题,所以最后被转化成为多元线性代数的求解问题。利用有限元分析实现对缺陷漏磁场在空间上分布的描绘,单从漏磁场的分布图形反演几何尺寸,由于反演运算存在不定和不唯一性,所以对漏磁检测所研究的缺陷漏磁信号样本库,需要利用有限元分析与实验法的对比研究来探究缺陷尺寸与漏磁场之间的具体函数关系。

2.3.2　有限元分析模型

为了分析方便做出如下假设:管材均匀,即管道内部所有点的导磁率都一样;管道内不同方向上媒质的导磁率都一样;电流的密度 J 在磁导率为 μ 的管道材料介质中所形成的稳定磁感应强度 B 和磁场强度 H 之间的函数关系由下面的麦克斯韦方程组式(2.17)~式(2.19)以及对应的边界具体条件所确定:

$$\nabla \times H = J \tag{2.17}$$

$$\nabla \times B = 0 \tag{2.18}$$

$$B = \mu H \tag{2.19}$$

对于漏磁检测,直接使用解析法来求解是无法实现的,通常在磁场的电流区域,磁场强度的矢量旋度不是零,所以不能使用标量磁位求解。但考虑到磁通密度矢量散度恒为零,而对任意的矢量函数,它的旋度散度也是恒为零的。所以,可以引入矢量磁位 A 用来描述场域中有电流存在时的磁场问题,有了矢量磁位 A,求解就方便多了。

引入矢量磁位 A,使其满足

$$B = \nabla \times A \tag{2.20}$$

由式(2.17)~式(2.20)得

$$\nabla \times \left(\frac{1}{\mu} \nabla \times A \right) = J \tag{2.21}$$

可以利用圆柱坐标系 (γ, θ, z) 来描述结构对称的管道漏磁场,方程式(2.21)简化为

$$\nabla^2 A = \frac{\partial}{\partial r}\left[\frac{1}{r} \frac{\partial}{\partial r}(rA) \right] + \frac{\partial^2 A}{\partial Z^2} = -\mu J_s \tag{2.22}$$

这种有限元分析的方法是利用和式(2.21)实际等价的能量泛函并在该函数的空间中求其极小值,而不是直接给出式子的解析解,然后再把它转化成为求解离散区域中所有网格节点的矢量磁位变量的一组代数方程组。式(2.21)是有关矢量磁位的方程,它属于泛定函数的系列又满足泊松方程的要求,所以把它和边界条件结合构成边值函数问题,成为需要求解的数学模型。

2.3.3　有限元分析步骤

有限元方法与其他求解边值问题近似方法的根本区别在于它的近似性仅限于相对小的子域中。对于不同物理性质和数学模型的问题,有限元求解法的基本步骤是相同的,只是具体公式推导和运算求解不同。有限元求解问题的基本步骤通常如下。

1) 问题及求解域定义

根据实际问题近似确定求解域的物理性质和几何区域。

2) 求解域离散化

将求解域近似为具有不同有限大小和形状且彼此相连的有限个单元组成的离散域,习惯上称为有限元网格划分。显然单元越小(网格越细)则离散域的近似程度越好,计算结果也越精确,但计算量及误差都将增大,因此求解域的离散化是有限元法的核心技术之一。

3) 确定状态变量及控制方法

一个具体的物理问题通常可以用一组包含问题状态变量边界条件的微分方程表示,为适合有限元求解,通常将微分方程化为等价的泛函形式。

4) 单元推导

对单元构造一个适合的近似解,即推导有限单元的列式,其中包括选择合理的单元坐标系,建立单元试函数,以某种方法给出单元各状态变量的离散关系,从而形成单元矩阵。

5) 总装求解

将单元总装形成离散域的总矩阵方程(联合方程组),反映对近似求解域的离散域的要求,即单元函数的连续性要满足一定的连续条件。总装是在相邻单元节点进行,状态变量及其导数(可能的话)连续性建立在节点处。

6) 联立方程组求解和读取结果

有限元最终导致联立方程组。联立方程组的求解可用直接法、迭代法和随机法。求解结果是单元节点处状态变量的近似值。对于计算结果的质量,将通过与设计准则提供的允许值比较来评价并确定是否需要重复计算。

总的来说,有限元分析可分为三个阶段:前处理、处理和后处理。前处理是建立有限元模型,完成单元网格划分;后处理则是采集处理分析结果,使用户能简便提取信息,了解计算结果。

2.4　ANSYS 建模及分析过程

在众多有限元分析软件中,ANSYS 是当前应用最广泛的软件之一,它是融结构、流体、电场、磁场、声场分析于一体的大型通用有限元分析系统,已广泛应用于航空航天、机械、能源、电工、土木工程等领域,本课题的有限元分析部分采用的也是该软件。

2.4.1　ANSYS 软件介绍

ANSYS 公司是由美国著名力学专家、美国匹兹堡大学力学系教授 John

Swanson 博士于 1970 年创建并发展而来的,是目前世界上计算机辅助工程 CAE (computer aided engineering)行业中最大的公司。

　　ANSYS 电磁场分析主要用于电磁场问题的分析,如电感、电容、磁通量密度、涡流、电场分布、磁力线分布、力、运动效应、电路和能量损失等。还可用于螺线管、调节器、发电机、变换器、磁体、加速器、电解槽及无损检测装置等的设计和分析领域。

2.4.2　ANSYS 计算过程

　　利用 ANSYS 软件进行有限元分析主要由创建有限元模型、加载及求解、结果后处理三个主要步骤组成,如图 2.3 所示。

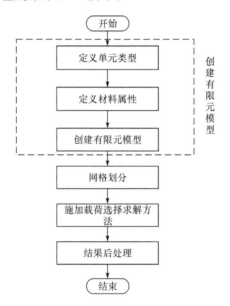

图 2.3　ANSYS 有限元分析流程

2.5　管道漏磁检测二维 ANSYS 仿真

2.5.1　创建二维有限元模型

　　现实中的海底管道为三维圆柱体,但仿真分析研究需要由浅入深,逐层递进地建模与分析,且二维轴对称模型具有建模简单、参数较少、计算量不大、求解速度较快等特点,故可以首先将三维实体管道模型简化为二维轴对称模型,利用 ANSYS 有限元分析软件进行建模并对仿真结果进行详细分析。

　　管道内检测器对于二维几何模型而言是一个完全轴对称图形,只需建立 1/4

实体模型。模型包括永磁体、导磁体、管壁及空气。如图 2.4 所示,A1 为内缺陷;
A2、A4 为高磁极能、高矫顽力、磁性稳定的钕铁硼永磁体,厚度为 30mm,长度
80mm;A3、A5 为导磁体,长度为 80mm,厚度为 50mm;A7 也为导磁体,厚度为
20mm,长度为 360mm;A10 为管壁,厚度为 9mm,长度 460mm;A6、A8、A9 为空
气域,由检测器及管壁周围空气域分割而成,A6 空气域宽度 50mm。

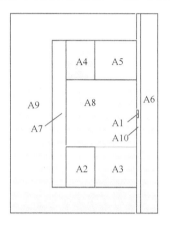

图 2.4 二维实体模型

2.5.2 定义单元类型与材料属性

1. 单元类型

有限元分析开始之前,我们需要先选定单元类型,不同的单元类型配合不同的
材料类型。根据用户所选单元类型的不同,ANSYS 计算的自由度可以是磁标量
位、磁矢量位或边界通量,由此引出其求解电磁场问题的三种方法标量法、矢量法、
棱边单元法。

ANSYS 单元库提供多达 200 种不同的单元。每个单元都有唯一的编号和指
定单元类型的前缀,如 BEAM4、PLANE77、SOLID96 等。ANSYS 建立了针对不
同问题的单元类,并根据类的特点为每个单元命名。单元分类如表 2.1 所示。

表 2.1 单元分类

单元分类	前缀名
杆单元类(一维)	BEAM
平面单元类(二维)	PLANE
体单元类(三维)	SOLID

本文中管道缺陷漏磁场属于二维磁静态场,故单元类型可选择 PLANE13 为

分析单元,单元属性为轴对称特性。

2. 材料属性

在 ANSYS 软件中建立的实体模型只是几何模型,没有实际模型的材料属性,即没有相关的物理属性。在建立模型之前,需定义材料属性库,在建立模型的过程中将对应模型单元的材料属性分配给几何模型,使有限元模型具有与实际模型相同的材料属性。这里需要定义的材料属性有永磁体、衔铁、衬铁、管道和空气。

1) 永磁体

在有限元仿真过程中,对于永磁体的材料属性需要定义的有两种,分别是相对磁导率和矫顽力。

(1) 相对磁导率。

在实际实验操作中,采用钕铁硼材质的永磁铁 N45 作为永磁磁化磁路的励磁源。通过查询材料磁特性手册得知,永磁体的相对磁导率为 1.05。

(2) 矫顽力。

通过查表得知,N45 永磁体的矫顽力≥876kA/m,并不是确定数值,所以需要对此永磁体进行实物材料属性的测量。通过高精度振动样品磁强计(VSM)对永磁体材料的测量,得到一系列数据,通过 Origin 软件打开 VSM 测量的数据,部分数据如图 2.5 所示。

	A(X)	B(Y)	C1(Y)	C2(Y)	C3(Y)	C4(Y)
Long Name	Comment	Time Stamp (sec)	Temperature (K)	Magnetic Field (Oe)	Moment (emu)	M. Std. Err. (emu)
Units						
Comments						
F(x)						
16		3.66011E9	300.00047	1500.05249	4.7029	0.0014
17		3.66011E9	300.00026	1600.19214	5.01603	0.00171
18		3.66011E9	299.99832	1699.9729	5.32705	0.00195
19		3.66011E9	299.99803	1799.92688	5.63711	0.00187
20		3.66011E9	299.99922	1899.76929	5.94706	0.00225
21		3.66011E9	299.99786	2000.02039	6.25695	0.00187
22		3.66011E9	299.9989	2000.02039	6.25686	0.00214
23		3.66011E9	300.00182	2199.77979	6.865	0.00243
24		3.66011E9	299.99879	2399.86108	7.44426	0.00281
25		3.66011E9	299.99802	2600.12817	7.97649	0.00235
26		3.66011E9	299.99757	2799.59033	8.46037	0.00303
27		3.66011E9	299.99843	2999.86987	8.89733	0.00255
28		3.66011E9	299.99857	3199.80249	9.28472	0.00319
29		3.66011E9	300.00194	3399.896	9.591	0.00262
30		3.66011E9	300.00717	3600.16309	9.80268	0.00357
31		3.66011E9	300.00647	3800.39282	9.96064	0.005
32		3.66011E9	300.00688	4000.3877	10.08374	0.01423
33		3.66011E9	300.00461	4200.41943	10.17975	0.00297
34		3.66011E9	300.00282	4400.27783	10.26613	0.00297
35		3.66011E9	299.99908	4600.21045	10.33631	0.00292
36		3.66011E9	300.00134	4800.45264	10.39538	0.00324
37		3.66011E9	300.00325	5000.27393	10.45847	0.00384
38		3.66011E9	300.00555	5200.24414	10.4885	0.00358
39		3.66011E9	300.00095	5400.28809	10.54009	0.00844
40		3.66011E9	300.00429	5600.18359	10.58159	0.00337

图 2.5　VSM 测量数据

图 2.5 中,深色的两列数据为所需数据,分别是磁场强度(magnetic field)和磁化强度(moment),通过设置坐标系可以绘制出磁滞回线,如图 2.6 所示。

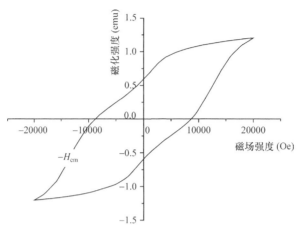

图 2.6　磁滞回线

其中,当磁化强度减到零时,必须加一反向磁化场,而当反向磁化场加强到
$-H_{cm}$ 时,磁化强度才为零,H_{cm} 称为矫顽力。如图 2.6 所示,永磁体矫顽力
为 8776.76833Oe[①]。

2) 导磁体

导磁体采用导磁率较高的电磁纯铁 DT4E,通过查询材料磁特性手册得知其
相对磁导率为 12016。电磁纯铁的磁特性是非线性的,需对其定义 *B-H* 磁特性曲
线。查询电磁纯铁的磁特性曲线,在曲线上读取插值点对应的 *B-H* 值,如表 2.2
所示。

表 2.2　电磁纯铁磁特性曲线插值点对应 *B-H* 值表

序号	磁感应强度 B/T	磁场强度 $H/(\mathrm{A \cdot m^{-1}})$
1	0.42	500
2	0.86	1000
3	1.41	2000
4	1.49	2500
5	1.57	3000
6	1.65	4000
7	1.69	5000

① 1Oe＝1Gb/cm＝(1000/4π)A/m＝79.5775A/m。

序号	磁感应强度 B/T	磁场强度 H/(A·m^{-1})
8	1.75	6000
9	1.79	7000
10	1.82	8000
11	1.87	9000
12	1.94	10000
13	2.05	15000
14	2.11	20000
15	2.15	24000

在 ANSYS 软件中输入得到的坐标值,得出电磁纯铁的 B-H 磁特性曲线,如图 2.7 所示。

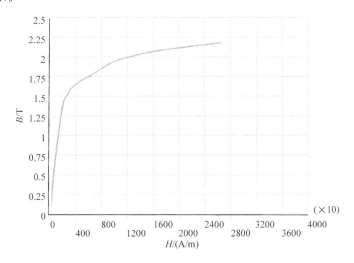

图 2.7　电磁纯铁的 B-H 磁特性曲线

3) 管壁

管壁的磁特性曲线也是非线性的,同样对其定义 B-H 磁特性曲线,在曲线图中读取插值点对应的 B、H 坐标,在 ANSYS 软件中输入得到的坐标值,得出电磁纯铁的 B-H 磁特性曲线,如图 2.8 所示。

4) 空气

通过查询铁磁性材料磁特性手册得知,空气的相对磁导率为 1.0。

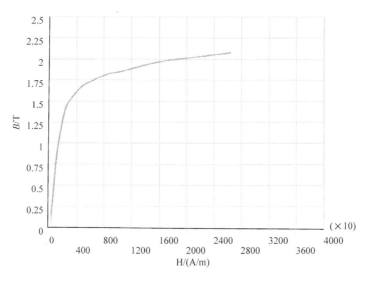

图 2.8　管壁的 *B-H* 磁特性曲线

2.5.3　网格划分

ANSYS 软件提供两种对实体模型进行网格划分的方法,分别为自由网格划分和映射网格划分。自由网格划分方法对实体模型的几何形状没有特殊要求,即便是不规则的形状同样可以进行操作。而映射网格划分与自由网格划分的区别为,映射网格划分要求实体模型必须是规则的几何形状,划分后网格单元的形状也是规则的,例如,二维实体模型划分后的网格单元是三角形或四边形;三维实体模型划分后的网格单元是六面体。根据映射网格划分的严格要求,不是任何的实体模型都适用于映射网格划分方法。

为简化仿真过程中网格划分的复杂程度,ANSYS 提供了智能网格划分工具,即 MeshTool 工具。通过智能网格划分工具可以进行水平、单元尺寸、划分形状设置、网格细化等控制。智能网格划分中的水平控制设置 10 个等级,1 代表最高的等级,10 代表最低等级,其可以根据不同的需求来设置不同的划分水平等级。如果智能网格划分的网格大小不合适,则需要采用网格细化功能对其进行改善,网格细化功能又分为 5 个等级。

在实验过程选择自由网格划分的方式,划分后还需进行网格细化,利用剖分工具 MeshTool 的'Smart Size=1'指令对缺陷、管壁及周围空气进一步细化,提高仿真的精度。如图 2.9 所示(a)为只经过 1 次智能网格划分后的模型,(b)为经过 3 次智能网格划分后的模型,实体模型剖分更精细。

(a) 一次智能网格划分

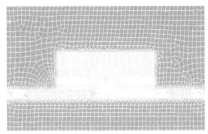
(b) 三次智能网格划分

图 2.9 网格细化后的模型

2.5.4 加载载荷与求解

1. 加载载荷

由于永磁体是本模型的励磁源,同时也是整个系统的载荷,在材料描述时已经对它的磁特性进行了定义。ANSYS 系统会自动地将其转化为等效的电流并加载到建立的模型上,所以不需要在单独地施加任何载荷。在模型的各边界中,需要为空气边界施加远场方向标志,对称轴在设定单元特性时已经说明,所以不需要再施加任何约束。

2. 求解

在建立有限元模型并完成边界条件和载荷施加后,要做的工作就是对有限元模型进行求解,求解就是 ANSYS 利用有限元方法联立方程组并计算其结果的过程。ANSYS 软件提供了多种求解联立方程的算法,故可针对具体问题及情况选择合适的方法,其中比较通用的求解算法有波前求解器、稀疏矩阵求解器、雅可比共轭梯度求解器等,其特点如表 2.3 所示。

表 2.3 ANSYS 求解器及其特点

求解器	算法	适用问题	模型规模（自由度）	内存需求	硬盘需求
波前求解器	直接消除法	要求稳定性高或内存受限制时	<50000	低	高
稀疏矩阵求解器	直接消去法	要求稳定性高河求解速度快时对于线性问题迭代法收敛很慢时	10000～50000	中	高
雅可比共轭梯度求解器	迭代法	对单一物理场中求解速度要求高时;只适用于静力、时谐响应与瞬态求解	>1000000	中	高

有关电磁场问题的有限元求解方法主要有标量位方法、矢量位方法和棱边单元方法三种。根据不同的实际环境及具体情况选择适合的求解方法,才能得到更接近

实际的效果。漏磁检测的 ANSYS 仿真求解计算的迭代过程曲线如图 2.10 所示。

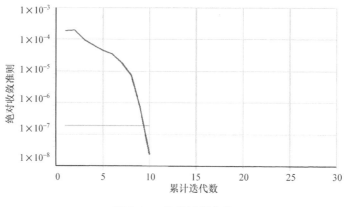

图 2.10　迭代过程曲线

由图 2.10 可知,灰色曲线是收敛准则,黑色曲线是当前迭代位移收敛情况,两线相交表示计算收敛,即求解计算成功。

2.5.5　结果后处理

ANSYS 系统的后处理器提供了很多可以查看结果的方法,因为对于磁场计算来说,它的主自由度矢量磁位 A,磁感应强度 B 以及磁场强度 H 都是通过对其他自由度的计算而得到的,所以通常被称为导出数据,ANSYS 在计算出模型节点的主自由度之后,就会利用相应的物理公式来计算出各个节点的导出数据,从而得到最终所需要的各主自由度的数值。

ANSYS 系统在 2D 磁场计算的后处理部分中提供了磁力线图、矢量磁位、磁感应强度、磁场强度的等值图、矢量图以及磁感应强度沿某条路径分布的曲线图等多种查看方法,管道漏磁场二维仿真得到的磁力线分布如图 2.11 所示,磁矢量分布如图 2.12 所示,磁感应强度沿指定路径上的分布曲线如图 2.13 所示,根据各图可以直观地观察到缺陷漏磁场的仿真结果。

1) 磁力线分布

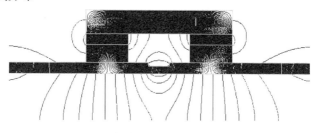

图 2.11　管道内缺陷的磁力线分布图

2）磁矢量分布

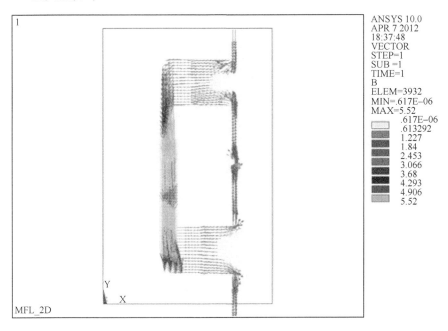

图 2.12　管道内缺陷的磁矢量分布图

3）磁感应强度沿指定路径分布

在提离值为 5mm 处定义一条路径,观察磁感应强度在该条路径上的分布如图 2.13 所示,图(a)表示长度为 10mm、深度为 3mm 缺陷磁感应强度在轴向及径向的分量,轴向分量呈单峰形式;图(b)表示长度为 40mm、深度为 3mm 缺陷磁感应强度在轴向和径向的分量,轴向分量呈双峰形式。

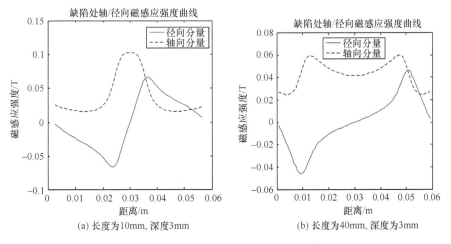

(a) 长度为10mm, 深度3mm　　　(b) 长度为40mm, 深度3mm

图 2.13　漏磁场磁感应强度轴向/径向分量图

2.6 管道漏磁检测三维 ANSYS 仿真

ANSYS 软件中提供了三种有限元模型的建立方法,包括实体建模方法、直接建模和导入创建好的 CAD 模型。鉴于漏磁检测的三维模型简单、可视化,所以这里我们采用实体建模法创建三维电磁检测模型如图 2.14 所示,在实体模型上进行网格划分,产生由节点和单元组成的有限元模型。

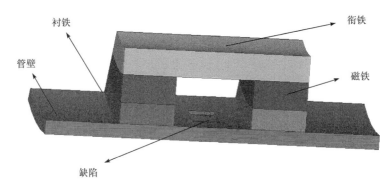

图 2.14 三维电磁检测模型

三维模型中采用部分管壁为检测对象,励磁结构为永磁体,其余磁路部分有衔铁、衬铁(极靴)和漏磁部分的空气场。永磁体的作用是产生磁场,衔铁的作用是为永磁体产生的磁场提供磁路,衬铁的作用是导通磁路。由于管道漏磁检测器为周向检测装置构成,这里只对其中的单组检测器进行三维建模,这样既有利于网格的合理划分,又节省了计算时间。三维有限元模型如图 2.15 所示,利于观察,略去了空气的部分。其中模型材料尺寸如表 2.4 所示。

表 2.4 模型材料尺寸

	长/mm	厚/mm	宽/(°)
衔铁	144	10	15
磁铁	42	12	15
衬铁	42	10	15
管壁	280	9.5	15

由于管壁内检测器为圆筒状,所以周向单组检测器为圆弧状,故宽度用角度来表示。

网格划分越精细,计算结果精度就越高,但是计算时间却大幅增加。如图 2.15 所示,网格划分采用的是 1 级的智能网格划分,耗时 30s。如图 2.16 所示,网格划分采用的是 1 级的智能网格划分与精细划分的网格划分方法,耗时 20min。

图 2.15　一级智能网格划分　　　　图 2.16　一级的智能网格划分与精细划分

整体检测器模型的网格划分如图 2.17 所示。

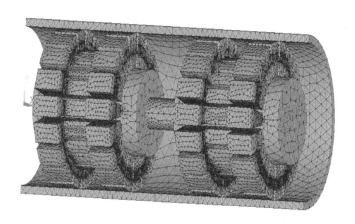

图 2.17　整体检测器模型的网格划分

　　将已完成网格划分工作的模型施加载荷并求解。对于三维磁场的后处理,提供了磁通密度矢量图矢量磁位,图 2.18 所示为三维模型的磁通密度矢量分布图。其中可以清楚看到磁场方向及环路,漏磁场最大强度的位置为缺陷处,可以看出磁路中的磁通已达到饱和状态,缺陷处磁通大量溢出。

　　图 2.19 所示为不同方向查看到的磁通密度矢量图,其中可以看出永磁体作为励磁源磁矢量的方向与路径,由颜色栏可以看出永磁体部分磁通是最强的,缺陷处可以看出有漏磁通。

　　在 ANSYS 仿真后处理中,为了检测到缺陷处的漏磁场大小,在模型周向的中间处、缺陷上方提离值为 5mm 的位置,设置一条长为 60mm 的检测路径来检测空气中的磁场大小,图 2.20 所示即是磁感应强度在该条路径上三个方向的分布。从图 2.20 中可以看出,当管壁内部存在缺陷的情况下,检测位置的漏磁场的三个

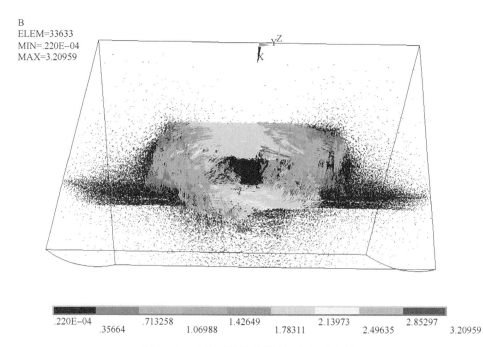

B
ELEM=33633
MIN=.220E−04
MAX=3.20959

.220E−04　.35664　.713258　1.06988　1.42649　1.78311　2.13973　2.49635　2.85297　3.20959

图 2.18　三维模型的磁通密度矢量分布图

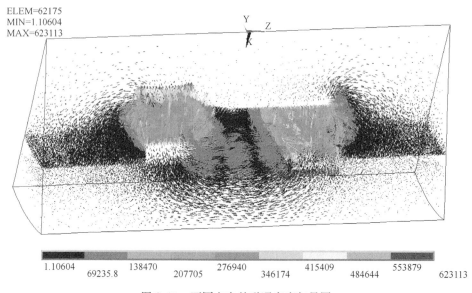

ELEM=62175
MIN=1.10604
MAX=623113

1.10604　69235.8　138470　207705　276940　346174　415409　484644　553879　623113

图 2.19　不同方向的磁通密度矢量图

分量,即径向分量、周向分量和轴向分量,其中径向分量和轴向分量曲线的变化趋势较大,周向分量曲线基本没有波动。

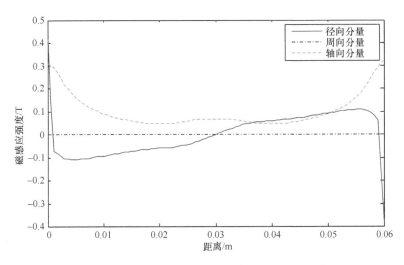

图 2.20 电磁检测三维模型磁感应强度分布曲线

图 2.20 所示是处于周向中心的一条路径,不能完全的覆盖缺陷,如果缺陷呈现非对称的形状,那么位于中心的一条路径并不能正确地显示漏磁场的磁通大小,所以这里共设置了 101 条检测路径覆盖了整个缺陷大小,可以近似地看做一个检测面。由于 ANSYS 软件只提供建模求解功能,如果需要对漏磁场进一步探究,这时利用科学计算软件 MATLAB 将模型仿真结果提取出来进行数值处理及全方面分析。通过对三维模型的求解,得到三个 101×101 关于缺陷处漏磁场的径向、周向和轴向磁场强度的信号矩阵,图 2.21 所示为缺陷漏磁场磁感应强度径向分布图。

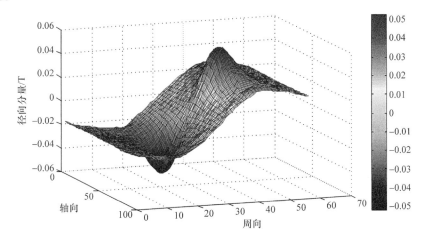

图 2.21 缺陷处磁感应强度径向分量

　　从图 2.21 可以看出有两个绝对值几乎相同且正负相反的峰。径向分量的两个等大反向峰值的距离稍大于缺陷的长度，但总体还是基本保持一致的；在离缺陷较远的地方的漏磁场的大小几乎为零。因为缺陷附近的磁阻增大的缘故，磁通在 XZ 平面中是绕行过缺陷的边缘的，所以磁通的一进一出而形成了漏磁场径向分量的大小相等方向相反的两个峰值。

　　漏磁场磁感应强度周向分量的分布如图 2.22 所示，它的正方向上有两个较大的峰值，而在负方向上也有两个较大的负峰值；这四个峰值的绝对值大小基本相等，这四个峰值点的分布位置也与缺陷所在位置的四个角相符合，并且在离缺陷比较远的地方的漏磁信号基本为零。同理，因为缺陷只是在管道周向的部分地方，这样缺陷附近的磁阻就会增大，磁通在 XY 平面就会部分的绕行过磁阻相对较大的位置，磁通从缺陷两侧绕过缺陷的四个角时，漏磁通的周向分量就得到了四个峰值，因为缺陷是呈对称分布，所以漏磁信号的周向分量的四个峰值也因而呈对称分布。

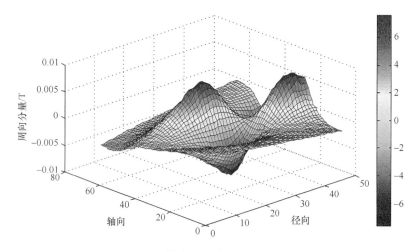

图 2.22　缺陷处磁感应强度周向分量

　　漏磁场磁感应强度轴向分量的分布如图 2.23 所示，它的正方向上只有一个很大的峰值，在负方向上有两个很小的负峰值；这两个负峰值就在正峰值的两旁，正峰值的绝对值要比负峰值的绝对值大很多。这两个负峰值的相距的位置也与缺陷长度基本一致。

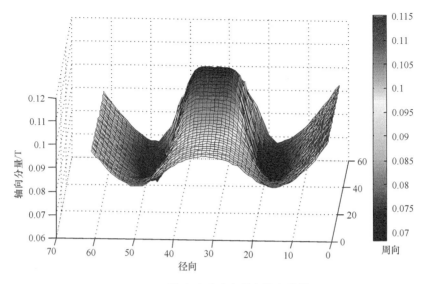

图 2.23　缺陷处磁感应强度轴向分量

参 考 文 献

[1] 王功礼,王莉.油气管道技术现状及发展趋势[J].石油规划设计,2004,15(4):1-7.

[2] 王东,任帅,田旺和,等.海底油气管道检测方法及安全性评估[J].管道技术与设备,2014,02
(2):19-21.

[3] Sun Y H,Kang Y H. Magnetic compression effect in present MFL testing sensor[J]. Sensors
and Actuators A:Physical,2010,160(1-2):54-59.

[4] Ramirez A R,Mason S D,Pearson N. Experi-mental study to differentiate between top and
bottom de-fects for MFL tank floor inspections[J]. NDT&E Inter-national,2009,42(1):16-
21.

[5] 左建勇,颜国正,丁国清,等. 煤气管道在线检测装置研究[J].仪器仪表学报,2005,26(2):
124-127.

[6] Texas Instruments. TPA3112D1:25-W Filter-Free Mono Class-D Audio Amplifier with
SpeakerGuard.

[7] 周云波.ICL8038 扫频信号发生器[J].现代电子技术.2003,(17):37-38.

[8] 廖晓玲,王飞,等.工业管道漏磁检测技术及发展综述[J].价值工程,2016,(10):236-237.

[9] 吴德会,游德海,柳振凉,等.交流漏磁检测法趋肤深度的机理与实验研究[J].仪器仪表学
报,2014,35(2):327-336.

第 3 章   漏磁检测预处理技术

3.1   引   言

数据预处理技术位于数据分析前端,属于对检测到的原始数据进行初加工,具体指对漏磁检测装置采集到的信号进行特征提取之前对数据进行的操作,其在整体数据流图中的位置如图 3.1 所示。

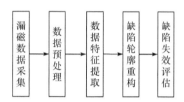

图 3.1   管道故障诊断整体结构设计

数据预处理使得数据更加规整,满足数据分析输入的条件,为准确快速进行管道缺陷定位、特征提取及寿命预测奠定了坚实的基础,是数据处理的基础,具有极大的研究价值。通过数据预处理可以实现快速精准的大数据处理功能,大大减小了数据处理的难度,使数据分析的结果更加准确可靠。

刘敏在前人基础上对传统抽样理论与方法进行了详细的介绍与分析[1];刘爱琴等对常用的分层抽样中样本量的分配方法进行了研究,详细分析了分层抽样中影响样本容量的因素,根据实际应用经验建立样本量分配方法,并对各种方法进行了对比,总结出各种方法的适用范围,对分层抽样理论具有实用性的意义[2]。张恩超根据钢丝绳无损漏磁检测中得到的漏磁信号特点,通过差分阈值法查找奇异点并剔除,使用前后两点的均值填补剔除点,使用二维三次样条插值法插值提高轴向漏磁信号的平滑度,使用平滑处理法使漏磁信号更加平滑[3];杨理践等在管道漏磁信号处理中使用低通滤波和小波滤波二级滤波方法有效地滤除了信号中的高频噪声,采用对比数据均值的方法消除基准差异,使用反距离平方插值法对漏磁信号进行插值使得信号更加平滑[4];杨理践等详细阐述了漏磁信号检测中速度效应原理,并用 ANSYS 有限元仿真软件对速度效应带来的影响进行了仿真,总结了速度效应对漏磁信号的影响[4];马凤铭等针对速度效应对漏磁信号的影响,提出了基于维纳滤波方法的漏磁信号信号补偿,使得漏磁信号得到良好的恢复[5];孙寅春等根据励磁信号的频率,在小波滤波后使用了周期平均方法使信号中的随机噪声得到了改善,使用了插值方法使曲线拟合还原,克服了因采集频率低造成的缺陷处漏磁信号的畸变[6]。法国数学家 Fourier 于 1822 年在对热传导理论方面进行研究时,使用并验证了将周期函数展开成正弦级数的原理,对傅里叶变换的理论起到了启发作用。在傅里叶变换的基础上,Gabor 于 1946 年提出了一种加窗傅里叶变换算法,也称为短时傅里叶变换算法,利用特定的平滑窗模型对信号频谱进行分解,提取信号的局部信息,进而提高了时间分辨力。这对小波多尺度信号分析思想后来的引入奠定了基础。在 1984 年,法国地球物理学家 Morlet 提出了小波分析的概念。

数据预处理技术主要分为三个部分:数据有效性判定、数据校正和数据滤波。

3.2　漏磁检测数据有效性判定原则

内检测设备在管道内运行完毕后将整个检测过程中的有用数据导出,首先要对所有数据进行有效性判定。数据的有效性判定需要从三个方面来判定:数据的完整性、数据的稳定性以及里程信息的准确性。

按照 POF(Pipeline Operator Forum,管道运营商协会)2009 年提出的数据有效性分析指标"最大允许传感器(主要传感器)损失和/或者数据损失为 3%,并且多于三个相邻传感器或周向 25mm(两者当中的最小值)的连续数据损失是无法接受的"。以上述原则为指标对数据进行缺失判定,若数据满足该指标即认为该数据为有效数据,可以进行后续缺陷辨识,若不满足该指标则认为该数据无效,需要重新进行采集。

数据稳定的有效性判定初步采用信噪比这一量值作为判定依据。若信噪比高于 10dB 则认为该数据稳定可用,能够进行后续缺陷辨识;若信噪比低于 10dB 但高于 5dB,则认为该数据在缺陷辨识时有一定困难;若信噪比低于 5dB,则认为数据无法进行缺陷辨识,数据为无效数据。

除了对数据本身的稳定性和有效性与否进行判定,还需要对表征缺陷位置的里程信息的准确性进行有效判定。初步采用焊缝定位的方式判定里程轮记录的里程信息是否准确。

3.3　数据校正算法的研究

数据导出后,未经过处理时存在只有里程计数点没有准确的位置信息问题,里程异常会使缺陷定位出错。由于每个传感器本身的差异,在零磁场环境下其输出各不相同,因此不同传感器即使型号相同、内部结构相同,在同一环境下其输出电压也会产生一定的偏差,在后续检测时需要将传感器的基准进行校正。基准校正以每节管道的长度为基准进行求解,无论是哪一方向的传感器数据在校正时都需要将所有涉及该磁场方向的数据列统一进行校正。

数据在采集过程中往往会因为外界环境干扰等一系列因素导致数据采集错误,出现奇异点,这种奇异点有可能仅出现一个点,也可能是多点连续出错。同时也有可能出现采集不到数据的情况,使输出的电压值为基值,即出现信号缺失。

如果数据不经过校正算法而直接进行缺陷辨识,很有可能发生辨识错误、定位不准确等一系列问题。为解决上述问题,需要对采集到的数据进行校正处理。主要包括:里程校正、基线校正、异常数据校正。

3.3.1 里程数据校正方法

里程轮里程点转换完得到的实际距离与真实测量的管道距离存在偏差,而且随着检测器行进距离的逐渐增加,偏差会逐渐累积,这导致偏差越来越大。因此需要对实际里程距离做相应校正处理,校正方法是根据传感器每转动一圈其磨损程度大小进行里程校正的,具体校正算法如式(3.1)和式(3.2)所示:

$$s = \frac{R-r}{l} \tag{3.1}$$

$$x(i)' = x(i) + \left[\frac{m}{s} + \frac{1}{2} - \sqrt{\left(\frac{m}{2s} + \frac{1}{2} \right)^2 - \frac{2x(i)}{s}} \right] s \tag{3.2}$$

式中,R 为原传感器半径;r 为磨损后传感器半径;l 为传感器半径磨损到 r 时,传感器总的脉冲计数;$x(i)$ 为第 i 个里程点的里程距离;$x(i)'$ 为第 i 个里程点的校正后的里程距离;s 为每计数一次传感器减少的里程距离。

为检验此方法用于里程校正的准确性,分别随机取缺陷峰值最高处里程点 10 个,然后对这 10 个点位置求校正后里程,得出结果如表 3.1 所示。从校正后里程偏差可以看出校正后的里程显示得更加准确,偏差更小。

表 3.1　里程校正前后结果比较

分类	里程								平均
图纸设计/m	0.512	3.434	4.152	5.016	6.552	7.108	9.556	10.338	—
未校正/m	0.508	3.406	4.1144	4.974	6.504	7.050	9.478	10.260	—
偏差/%	0.781	0.815	0.913	0.837	0.733	0.816	0.816	0.754	0.808
校正后/m	0.512	3.432	4.1528	5.014	6.556	7.106	9.552	10.340	—
偏差/%	0	0.058	0.012	0.040	0.061	0.028	0.042	0.019	0.032

3.3.2 基于中值校正方法的传感器基准校正

由于信号本身并不属于正态分布,因此信号输出的平均值无法反映出无缺陷处信号的磁场强度,这里采用每个传感器在该段输出信号的中值作为基准,可以有效地滤除缺陷信号,更加突出无缺陷处信号,具体的校正方法如式(3.3)所示:

$$B_j(i)' = B_j(i) - B_j + \frac{1}{n}\sum_{j=1}^{n} B_j \tag{3.3}$$

式中,$B_j(i)'$为第j个传感器在第i个里程点处检测到的校正后磁场强度;$B_j(i)$为第j个传感器在第i个里程点处检测到的校正前磁场强度;n为传感器的总个数;B_j为第j个传感器检测到的磁场强度的中值。

此方法实现起来比较容易,但对于一些特殊情况可能会出现校正后传感器基准依然有很大偏差。

为检验中值校正方法对基准校正的准确性高低,分别在无缺陷处随机取 8 个点,然后对这 8 个点位置的多路信号求其标准差,得出结果如表 3.2 所示,第 2 行为采样的 8 个随机里程点,3、4 行分别为未校正、校正后在相应里程点上的传感器输出信号标准差。由平均值可以看出,通过中值校正方法传感器基准的标准差可以降低到 1.1Gs[①] 以下。

表 3.2　传感器基线校正准确性对比

分类	里程位置								平均
里程点/mm	1176	2088	2365	4032	4403	4592	5021	5261	—
未校正	5.6012	5.7793	5.9021	5.7004	5.8259	6.0189	5.9899	5.7059	5.8155
校正后	0.9003	1.0243	0.6835	0.7599	1.5083	1.0738	1.2231	1.3687	1.0677

3.3.3　基于改进的平均中值校正方法的传感器基准校正

缺陷信号会影响基准校正准确性,采用改进的平均中值校正算法,将可能存在的缺陷信号区域去除掉,允许去除掉比缺陷信号范围更大的信号数据,尽可能只保留无缺陷处的磁场强度,再对所有周向传感器在无缺陷处采集到的磁场强度中值取平均值作为基准,利用式(3.3)的方法求出校正后的传感器输出高斯值。

改进的平均中值校正方法实现起来比较困难,但对于这类特殊情况能够较好地校正其基准。

为检验改进的平均中值校正方法对基准校正的准确性高低,分别在无缺陷处随机取 8 个点,然后对这 8 个点位置的多路信号求其标准差,得出结果如表 3.3 所示,第 2 行为采样的 8 个随机里程点,3、4 行分别为未校正、校正后在相应里程点上的传感器输出信号标准差。由平均值可以看出,通过改进的平均中值校正方法传感器基准的标准差可以降低到 1.1Gs 以下,比中值校正方法标准差更小一些。

_____

① 　1Gs=10^{-4}T。

表 3.3　传感器基线校正准确性对比

分类	里程位置								平均值
里程点/mm	1176	2088	2365	4032	4403	4592	5021	5261	—
未校正	5.6012	5.7793	5.9021	5.7004	5.8259	6.0189	5.9899	5.7059	5.8155
校正后	0.7503	0.7753	0.6398	0.7034	1.0897	0.9747	1.1185	1.1062	0.8947

3.3.4　基于人工剔除方法的异常数据的剔除

有些是数据采集程序的设计原因,致使每隔固定的时间就会产生一个或连续几个较大的异常点,有些是数据在采集、放大、存储和传输等过程中往往会因为外界环境温度、流量变化或设备振动等一系列因素导致最后存储在数据硬盘中的某一个或一些数据是错误的,它们与一般数据行为或者特征不一致,这种数据被称为异常点,也称作孤立点[7]。异常点的检测与分析,也被称作异常点挖掘,是异常重要的数据挖掘类型之一[8]。在采集到的数据中,常见的异常点有两种,一种为信号奇异点,其特点为有一个值或连续几个值幅值突然增大很多,另一种为信号缺失点,其特点为连续几个值幅值等于基值,见图 3.2。

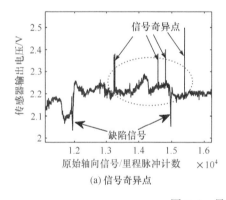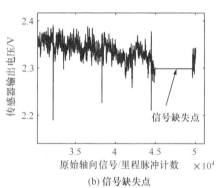

(a)信号奇异点　　　　　(b)信号缺失点

图 3.2　异常点示意图

采用 GUI 界面进行人工剔除异常点,将源数据加载到 GUI 界面,通过目测数据特点,人眼识别出哪些是异常数据,若异常数据不连续,则选择去除一个点,若异常数据连续,则选择去除一片点,用原异常值的前一个正常值代替原异常值,对于波动较小的异常数据可以通过后续的滤波算法进行处理,可以根据需要加载单通道数据还是多通道数据。此方法简单方便,准确率较高,但由于是人工剔除,工作效率低。

3.3.5　基于阈值分割方法的异常数据的剔除

目前数据异常点比较单一,人工剔除基本达到精准要求,但是管道缺陷检测装置采用多传感器并行采集数据,即使检测距离仅 1km,采集到的漏磁信号的数据量也非常巨大,同时输油管道实际距离大多都几十甚至上百公里[9],对于如此海量的数据,且异常点更加复杂,若仅仅由检测人员根据经验来分析漏磁检测数据,进行异常数据的剔除和补偿,势必会出现工作量大、效率低等问题。

为了摆脱人工剔除异常点,利用一种阈值分割方法可以剔除比较明显的异常数据,阈值分割算法具体流程图如图 3.3 所示。

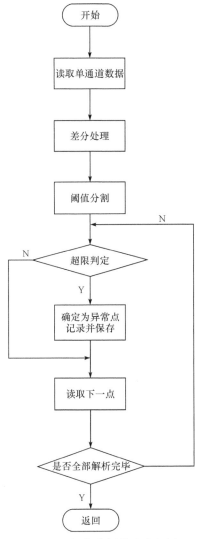

图 3.3　阈值分割算法流程图

通过对源数据进行分组,再根据每组数据值得出每个小区域内的阈值,每组数据的值和本区域中的阈值进行超限判定,超过则判定为异常点,否则为正常点。阈值分割算法比较快速智能,基本上摆脱了人工异常点剔除,并且不受异常点个数限制。但对于不同的漏磁检测信号数据,需要不断的修改预置参数,使效果最佳,因此这种方法的适应性不太好。

3.3.6　基于变尺度窗差值拟合方法的异常数据的剔除

为了进一步提高异常点剔除的处理效率,使其过程更加自适应,设计了变尺度窗差值拟合算法。图 3.4 所示为其变尺度窗差值拟合算法流程图。

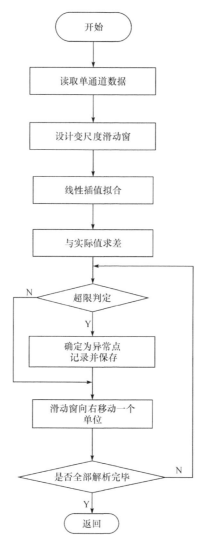

图 3.4　变尺度窗差值拟合算法流程图

通过设计一个多尺度滑动窗[10],将数据从数据首端到数据末端进行滑动,通过滑动窗中的数据差值拟合出下一点,再和实际的点进行比较,和规定的阈值进行比较,如果比规定的阈值大,则判定为是异常点,反之,则为正常点。变尺度窗差值拟合算法更加智能,自适应行强,异常点个数在一定范围内,不受异常点个数限制,且对于不同的漏磁检测信号数据,基本不需要修改预置参数,因此变尺度窗差值拟合算法既摆脱了人工异常点剔除,又解决了的阈值分割算法不断的修改预置参数的缺点。但其处理速度没有阈值分割算法快。同时,通过变尺度窗差值拟合算法,不难发现,滑动窗相对较小时,效果更佳。若滑动窗相对较大,不仅增加了插值拟合的难度和准确性,而且会使数据处理时间增长,更重要的是若异常点过多,将会出现遗漏现象。

为了进行这几种效果的好坏,人为对脉冲计数为 50000 数据量的正常信号,做了 1000 个异常点。分别使用 MATLAB 的 GUI 界面的人工异常点剔除,记为方法 1,阈值分割算法,记为方法 2,变尺度窗差值拟合算法,记为方法 3,针对检测率、误检率以及时间对其进行检测,检测结果如表 3.4 所示。可以看出,综合来看,变尺度窗差值拟合算法效果最好。

表 3.4 异常点剔除效果对比

方法编码	检测率/%	误检率/%	时间/s
方法 1	98.4	0	1800
方法 2	91.6	11.2	5.02
方法 3	97.1	4.3	7.21

3.3.7 异常数据的补偿方法

异常数据被剔除之后,会产生异常点处数据的缺失,需要对这些缺失部分进行补偿。通过插值的方式可以进行异常点补偿。

3.4 漏磁检测信号的数据滤波

滤波是控制工程、现代通信、导航以及制导中常用的信号处理方法之一。信号源传送过程中包含着我们需要的有用信息,但是在信号传输以及信号变化过程中,信号的辨识随着噪声及干扰的叠加而增加难度,因此如果要对有效信号进行复原,必须削弱或消除波形中噪声与干扰叠加的成分,在噪声的频率与需要的有用信号不在一个频率范围内的情况下,一般采取滤波算法进行去噪[11,12]。滤波算法属于频域分析处理方法,在进行信号的频率特性分析时,高频分量即与信号频谱分析图中的变化率大的成分对应,低频分量即与信号频谱分析图中的变化率小的成分对应。一般情况下,噪声属于高频信号,采用滤波算法对高频部分进行滤除可以达到去噪的效果,使信号更加平滑。

经典的信号滤波算法多是以频域处理为基础的方法,通过滤波器进行滤波去噪。此种方法是基于在频域中将有用信号和噪声信号进行分离的原理进行去噪的。由此可看出,此种方法要求频谱分析图中,信号与噪声可以完全分离开、无重叠。然而实际上,频谱分析图中信号与噪声往往会产生重叠现象,这是因为多种类型的噪声其频谱基本均分布在整个频域范围内。如果要达到噪声平滑较佳的效果,必然会导致信号轮廓不清、模糊;与此同时,要达到信号增强、使其轮廓清晰的效果,就会导致噪声的平滑效果不理想。在采用滤波方法时需要权衡得失,在两者中做出合理的选择。

噪声[11]是混杂在测量信号中真实信息以外的值,在缺陷识别与特征提取的过程中也称为有害信号。广义地讲,噪声是扣除被测信号真实值以后的各种测量值。噪声引起的原因包括外部原因和内部原因两类,这种分类标准下每种原因一般情况均是由若干不同种类噪声合成累计的。

即使抑制了外界干扰源,在漏磁检测装置采集数据的整个过程中差不多依然会出现噪声,其中有少量的系统噪声,大多数为随机噪声,均可视为随机噪声处理。

在具体评价去噪效果时,应该做到:去噪后图像应尽量的平滑,不存在或有较少的噪声痕迹;去噪结果不能使图像过度失去结构细节而变得模糊;没有由于具体去噪方法产生的人工噪声;均方差尽可能小、降质,使复原后波形尽可能接近真实信号。所有这些都要求有一个合理的信号质量评价方法。现有的评价方法一般分为主观评价和客观评价两种。

1. 主观评价

主观评价通常又有两种:一种是通过观察进行主观评价,由一定数目的观察者直接通过肉眼观察信号的波形,再分别独立得出其信号质量好或者坏的评价,然后权衡所有观察者的结果得到最终的综合结论。主观评价的标准不是定量的,只是一种定性描述,而且评价结果受观察者主观色彩的影响,具有一定的随机性。另一种主观评价方法采用模糊综合评判手段来尽量对主观因素带来的影响进行削弱,进而实现近似定量的信号质量评价,但是这种方法还是由专家依靠经验来确定定量计算公式中的参数,所以依然无法对主观随机性进行完全消除。

1) 信号畸变度(SD)

由于滤波算法的一些缺陷,可能导致滤波后某段波形发生畸变,与本应波形无法对应。信号畸变度是指滤波后与滤波前相比,图像的畸变波形占整体波形的比重,以及畸变波形段的无法对应程度的综合效果的好坏,信号畸变度主要针对缺陷信号来说的,可分为低、中等、高三个等级。信号畸变度越低,滤波效果越好。

一般情况下,与原缺陷信号能够基本重合,甚至在幅值不降低的情况下比原来更加平滑,就可以认定为信号畸变度低;与原缺陷信号比,幅值有小幅度下降,但是基本不影响缺陷信号的特征提取,就可以认定为信号畸变度中等;反之,大幅度削减了缺陷信号幅度,已经达到了与原始信号无法对应的程度了,即认定为信号畸变度高。

2) 信号可辨识程度(SDD)

信号可辨识程度是指在保证缺陷信号不失真的基础上,使缺陷信号更加平滑,以及使非缺陷信号更加平坦光滑,滤除小波动信号强度的综合效果的好坏。信号畸变率主要针对非缺陷信号来说的,可分为低、中等、高三个等级。信号可辨识程度越高,滤波效果越好。

一般情况下,与原非缺陷信号能够基本重合就可以认定为信号可辨识程度低;与原非缺陷信号比,幅值有小幅度下降,就可以认定为信号可辨识程度中等;反之,大幅度削减了非缺陷信号幅度,变得比较平坦平滑了,即认定为信号可辨识程度高。一般情况下信号可辨识程度高,信号畸变度也会越高,因此滤波过程中要做到信号可辨识程度高,信号畸变度低的最佳效果。

2. 客观评价

进行客观评价时,首先要确定可检测缺陷信号标准。对于可检测缺陷信号,传感器阵列需要至少检测到缺陷的 6 个有效采样数据,所谓有效采样数据是指峰值信噪比大于 10dB 的缺陷采样数据。这里的缺陷有效采样数据为同一个缺陷在所有传感器阵列上检测到的有效采样数据个数之和。

1) 归一化均方误差(NMSE)

$$\text{NMSE} = \frac{1}{n} \sum_{i=1}^{n} (x_i - \bar{x})^2 \tag{3.4}$$

式中,x_i 为采样数据幅值;n 为采样数据长度,其取值大于等于 10 倍缺陷的有效采样数据的长度;$\bar{x}$ 为 n 个信号的均值。

2) 峰值信噪比(PSNR)

峰值信噪比的数学定义为

$$\text{PSNR} = 10 \cdot \lg \frac{(x_{\max} - \bar{x})^2}{\text{NMSE}} \tag{3.5}$$

式中,NMSE 为归一化均方误差;$x_{\max}$ 为采样数据峰值,默认为幅值最大值;$\bar{x}$ 为 n 个信号的均值。

峰值信噪比是指信号最大可能功率的大小与影响其精度的具有破坏性的噪声功率的比值。信噪比越大,信号测量越容易精确。缺陷信号(有效采样数据)峰值信噪比大于 10dB。

3) 信噪改善比(SNIR)

$$\text{SNIR} = \frac{\text{SNR}_n}{\text{SNR}_0} \tag{3.6}$$

信噪改善比是指滤波后信噪比与滤波前信噪比的比值。信噪改善比越高,表明滤波系统的滤波效果越好,检测到微弱的有用信号的能力越强。

4) 波形失真率(DR)

$$DR = \frac{\parallel x'(t) - x(t) \parallel}{\parallel x(t) \parallel} \tag{3.7}$$

式中,$x'(t)$为滤波之后的采集信号;$x(t)$为原始的采集信号;$\parallel \cdot \parallel$为2-范数。

波形失真率是指去噪对有用波形的损伤的程度。该比值越小,说明校正后的波形与原始波形的越接近,对波形的损伤越小,滤波效果越好;反之,DR 越大说明校正效果越差。

3.4.1　单通道自适应滤波

自适应滤波器的结构通常不需要改变,其系数由自适应算法更新的时变系数决定。即其系数与给定信号自动连续相适应,进而达到期望响应。自适应滤波器的最大特点在于其可以处于未知环境中进行有效工作,而且可以对输入信号的时变特性进行实时跟踪。自适应滤波器通过不断学习、训练阶段,依据输入信号特性,不断进行滤波器自身系数的修正操作,进而确保均方误差最小(LMS)。

根据漏磁信号特点以及上述滤波特点设计单通道自适应滤波系统。漏磁信号基本可以划分为无缺陷信号、大缺陷信号、小波动信号三种类型信号,如图 3.5 所示。一般情况下,一路信号大部分为不含有缺陷的信号。

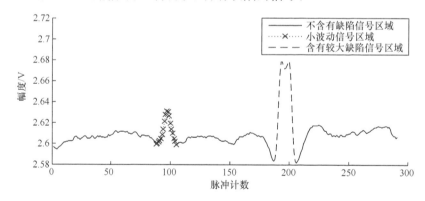

图 3.5　漏磁信号特点识别图

无缺陷信号、大缺陷信号和小波动信号的识别算法如图 3.6 所示。读取单通道数据后,为了自动识别自适应阈值准确,将海量数据进行数据分割,分别对每组数据自动计算自适应阈值 λ_1,该阈值 λ_1 用来区分是不含有缺陷的信号,记为 ψ_1,还是疑似有缺陷的信号,记为 ψ_1',如果没有超过阈值,则为无缺陷信号;如果超过阈值,则为疑似有缺陷的信号;对疑似有缺陷的信号进行信号段扩展,在扩展后的信号段中寻找波谷值与波峰值,再求最大波谷差,然后自动计算自适应阈值 λ_2,该阈值 λ_2 用来区分是小波动信号,记为 ψ_2,还是较大缺陷信号,记为 ψ_3。如果没有超过阈值,则为小波动信号;如果超过阈值,则为大缺陷信号;当全部标记完毕后,信号段间会出现重叠现象,需重新标定。ψ_2 与 ψ_1 重叠部分归 ψ_2,ψ_3 与 ψ_1 重叠部分归 ψ_3,ψ_3 与 ψ_2 重叠部分归 ψ_3。针对算法识别得到的三种不同信号类型,设计了对应的三种混合滤波算法。信号段 ψ_1 采用无缺陷信号混合滤波算法;信号段 ψ_2 采用小波动信号混合滤波算法;信号段 ψ_3 采用大缺陷信号混合滤波算法。

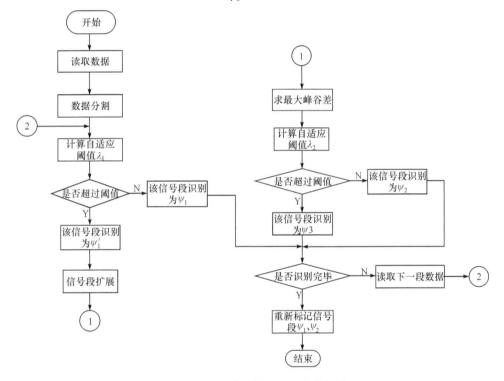

图 3.6 单通道数据识别算法流程图

1. 无缺陷信号混合滤波算法

1) FFT 滤波

FFT 滤波是完全通过频谱分析[13]进行滤波的方法,即直接通过频谱分析图对原始信号进行分析,由于信号中所含的噪声主要是白噪声,而且主要集中于信号的高频部分,可以通过全部滤除掉信号中的高频部分实现信号滤波,通过选择合适的阈值进行滤波,使其效果最佳。

表 3.5 为 FFT 滤波指标对比图,可以看出,SD 和 SDD 均不太理想。效果较佳时,NMSE 虽有所下降,PSNR 增大幅度不是很大,SNIR 较高,DR 比较理想。

从图 3.7 中的 FFT 滤波效果对比图可以看出,整体效果还是比较理想的。

表 3.5　FFT 滤波效果评价性能指标

评价指标	原始信号	FFT 滤波效果
SD	—	中等
SDD	—	中等
NMSE	2.32×10^{-5}	2.27×10^{-5}
PSNR	32.66	32.75
SNIR	—	1.003
DR	—	1.48×10^{-4}

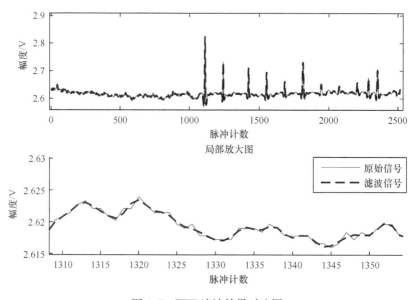

图 3.7　FFT 滤波效果对比图

2) 中值滤波

中值滤波(median filtering)是非线性滤波算法中最为经典,也是最简单和较具有代表性的一种滤波算法[14]。它最初是由 Turky 在 1971 年提出的,算法初期主要应用于时间序列分析,后来被应用于图像处理,并在图像去噪复原应用中发挥出非常不错的作用。其基本原理是:在一个滑动的滤波窗口中,将中心像素值替换为该窗口内所有像素的中值,进而有效地消除孤立的噪声点。

通过测试可知,当参数 N 低于 4 时,效果不很明显,表 3.6 为滤波指标对比图,可以明显可以看出,SD 在参数 N 低于 10 时效果比较理想,但 SDD 高于 10 时效果比较理想。随着参数 N 的增大,NMSE 与 PSNR 与参数 N 的增加无必然关系,SNIR 一般,DR 比较理想。从图 3.8 可看出,其失真率也在随参数 N 的增加而增大。综合评估,参数 N 应取 5 效果最佳。

表 3.6　中值滤波效果评价性能指标

评价指标	原始信号	$N=5$	$N=10$	$N=15$	$N=20$
SD	—	低	中等	高	高
SDD	—	低	低	中等	中等
NMSE	2.32×10^{-5}	2.07×10^{-5}	1.23×10^{-4}	5.42×10^{-6}	1.29×10^{-6}
PSNR	32.66	32.28	31.07	29.38	31.21
SNIR	—	0.988	0.951	0.900	0.956
DR	—	4.60×10^{-4}	1.91×10^{-3}	3.62×10^{-3}	5.05×10^{-3}

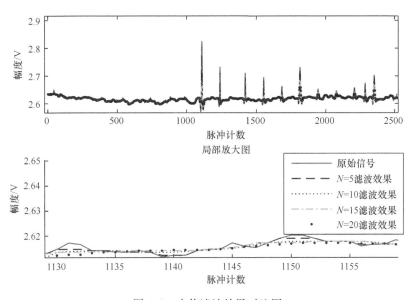

图 3.8　中值滤波效果对比图

3) 平滑均值滤波

平滑均值滤波(mean filtering)是一种较经典、较简单的线性滤波算法[15]。它的算法实现过程是:在滑动的滤波窗口中,对中心像素值和窗口内其他像素值求平均,然后用这个平均值来作为滤波输出的中心像素值。从算法原理上看,该算法是根据信号的局域特征,通过改变各点像素值来达到平滑信号、降低噪声影响的效果,通过改变参数即可控制滤波效果。

通过测试可知,当参数 N 低于 5 时,效果不是很明显,从表 3.7 可以看出,SD在参数 N 低于 15 时效果都比较理想,并且 N 越大,滤波效果越明显。噪声信号被滤波的同时,也削减了有用信号。SDD 都还是比较好的。随着参数 N 的增大,

NMSE 随参数 N 的增加而减小,而 PSNR 与参数 N 关系不大,SNIR 较高,DR 比较理想。但从图 3.9 平滑均值滤波效果对比图可以看出,其失真率也在随参数 N 的增加而增大。综合评估,参数 N 应取 5 左右效果最佳。

表 3.7　平滑均值滤波效果评价性能指标

评价指标	原始信号	$N=5$	$N=10$	$N=15$	$N=20$
SD	—	低	低	中等	高
SDD	—	低	低	中等	中等
NMSE	2.32×10^{-5}	1.43×10^{-5}	6.88×10^{-6}	2.25×10^{-6}	1.22×10^{-6}
PSNR	32.66	33.65	33.62	32.70	32.88
SNIR	—	1.030	1.029	1.001	1.007
DR	—	8.58×10^{-4}	2.09×10^{-3}	3.73×10^{-3}	4.49×10^{-3}

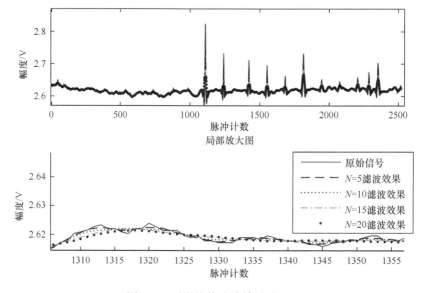

图 3.9　平滑均值滤波效果对比图

　　对于不含有缺陷的信号,尽可能削弱信号幅度,平滑地滤除此区域信号,使幅值接近基值的平坦信号。FFT 滤波可以从频谱分析图上直接对高频信号即噪声信号进行滤除,当中值滤波的参数 N 取的较大时,信号幅度也会大幅度减小,同时平滑均值滤波最大的特点就是使信号更加平滑。因此先通过 FFT 滤波算法进行粗滤波,直接进行高频段噪声的剔除,再通过中值滤波算法对幅值进行进一步削减,最后通过平滑均值滤波平滑曲线,通过选取合适的参数,使三种方法完美地结合在一起,对不含有缺陷的信号进行无缺陷信号混合滤波。

如表3.8、图3.10所示,无缺陷信号混合滤波的滤波效果评价性能指标得到了进一步改善,尤其信噪比较高,失真率相对较低。说明噪声去除的同时,有用信号得到了保留。信号幅值得到了大幅度的削减,信号也比以前更加平滑,效果比单一滤波方法的效果好很多,但仍有提升空间。

表 3.8　无缺陷信号混合滤波效果评价性能指标

评价指标	原始信号	小波滤波效果
SD	—	—
SDD	—	高
NMSE	2.79×10^{-6}	4.53×10^{-8}
PSNR	26.74	40.21
SNIR	—	1.503
DR	—	1.60×10^{-3}

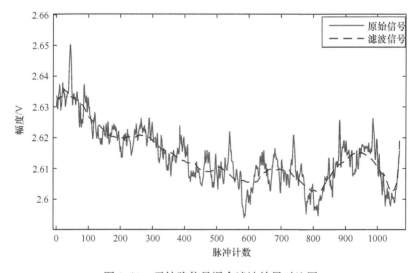

图 3.10　无缺陷信号混合滤波效果对比图

2. 大缺陷信号混合滤波算法

1) 窗函数法滤波

数字滤波器以冲击响应的时域特性为标准,可分为 FIR(finite impulse response)滤波器和 IIR(infinite impulse response)滤波器两种。FIR 滤波器是有限长单位冲激响应滤波器,又称为非递归型滤波器[15],允许一定频段的信号通过,抑制高于该频段的信号、干扰和噪声。无论幅频特性是怎样的,FIR 滤波后的相频均具有线性特性,并且具有有限长的单位抽样响应,因而 FIR 滤波器系统是非常稳定的。FIR 滤波器包括频率采样法、窗函数法以及等波纹最佳逼近法三种。

　　窗函数法即是让频率响应尽量向设定的理想频率响应逼近,寻找一个可以做到的传递函数,用一定规则的窗函数通过无限脉冲响应序列截取得到有限长脉冲响应序列。窗函数选取为矩形窗函数。只要参数选取得当,窗函数法可以达到在尽可能降噪、平滑波形的同时,失真较小。

　　通过改变参数进行窗函数法滤波器滤波效果测试可知,当参数低截止频率为 0.1 时,效果最佳。表 3.9 为边缘效应消除后的窗函数法滤波指标对比图,可以看出,效果较佳时,SD 和 SDD 均很理想。NMSE 虽会减小,PSNR 会增大,但是幅度相对较大,SNIR 较高,DR 较理想。从图 3.11 窗函数法滤波效果对比图可以看出,效果还是比较好的,失真确实比较小。

表 3.9　窗函数法滤波效果评价性能指标

评价指标	原始信号	窗函数法滤波效果
SD	—	中等
SDD	—	中等
NMSE	3.32×10^{-5}	1.39×10^{-5}
PSNR	32.66	33.49
SNIR	—	1.026
DR	—	1.07×10^{-3}

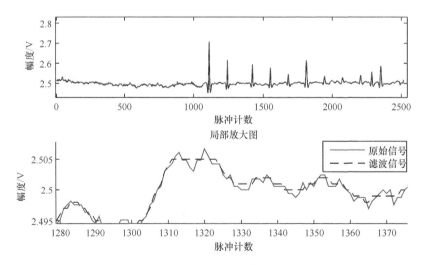

图 3.11　窗函数法滤波效果对比图

2) 小波滤波

小波变换[16]是一种时间-尺度分析方法,同时在时间以及尺度也即频率两域具备表征信号局部特征的能力,因而能够有效地区分出非平稳信号中的噪声与有用信号。在低频部分,频率分辨率较高,同时时间分辨率较低;在高频部分,频率分辨率较低,同时时间分辨率较高,常应用于正常信号中夹带的瞬间反常现象的探测,同时进行其成分展示。

当前,小波滤波方法大致可划分为以下三大类。

小波变换模极大值去噪法。此种方法是通过小波变换模极大值思想进行滤波,它是依据在小波变换过程中,信号与噪声各尺度上的传播特性不同,对噪声引起的模极大值点进行剔除,对信号所对应的模极大值点进行保留,最后利用剩余的模极大值点进行小波系数重构,进而恢复信号。

小波系数相关性去噪法。此种方法是进行小波变换后,对含噪信号相邻尺度间小波系数的相关性进行计算,通过相关性的大小进行小波系数类型的区别,最后进行小波系数的优劣取舍处理,进行信号重构。

小波变换阈值去噪法。此种方法是利用小波阈值去噪方法,该方法认为信号对应的小波系数包含有信号的重要信息,其幅值较大,但数目较少,而噪声对应的小波系数是一致分布的,个数较多,但幅值小。

采用第三类方法,通过阈值思想进行滤波。采集获取的有用信号通常情况下多为一些比较平稳的信号或者低频信号。但是噪声信号一般均为高频信号。因此滤波过程中,可通过以下操作滤波:首先,通过小波变换进行原始信号分解,一般分解后噪声成分位于高频系数中;获取含噪的高频系数后,通过门限阈值等方法对小波分解的高频系数采取量化处理;最后重构信号即可达到滤波降噪目的。

选取非平稳信号阈值去噪方法,通过改变参数进行滤波效果测试,使其效果最佳。表 3.10 为小波滤波指标对比图,通过测试可以看出,效果较佳时,SD 和 SDD 均非常理想。NMSE 虽会减小,PSNR 会增大,但是幅度均不是很大,SNIR 一般,DR 比较理想。

表 3.10 函数法小波滤波效果评价性能指标

评价指标	原始信号	小波滤波效果
SD	—	低
SDD	—	高
NMSE	2.32×10^{-5}	2.13×10^{-5}
PSNR	32.66	32.92
SNIR	—	1.008
DR	—	3.60×10^{-4}

从图 3.12 可以看出,小波分析滤波方法适应性强,能够在时频两域全面进行滤波处理。通过阈值的设定能够方便地实现去噪和有用信号保留之间的权衡,进

而达到滤波的最佳效果。

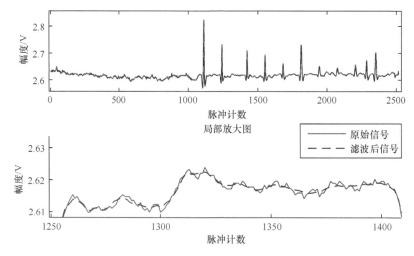

图 3.12　函数法小波滤波效果对比图

对于含有较大缺陷的信号,应保证在不失真的情况下,即保证缺陷信号的峰谷差尽量不变,使其更加平滑。窗函数法滤波在滤除噪声的同时,可使图像平滑,且失真较小。小波分析方法能同时在时、频域内对信号进行分析,能有效的区分信号中的缺陷信号和噪声,从而完成含有较大缺陷信号的去噪。因此先通过窗函数法滤波算法对缺陷信号进行滤波,再通过小波滤波算法对幅值进行进一步平滑,通过选取合适的参数,使两种方法完美地结合在一起,对含有较大缺陷的信号进行大缺陷信号混合滤波。

从表 3.11、图 3.13,可以看出,通过大缺陷信号混合滤波,缺陷的峰值还是有少许降低,这是因为在峰值处也是有噪声的,因此保证了在缺陷信号不失真的基础上,至少一部分噪声被消除了。较单一滤波来说,大缺陷信号混合滤波效果得到了大大提升,取得了在滤波的同时,缺陷不失真的滤波效果。

表 3.11　大缺陷信号混合滤波效果评价性能指标

评价指标	原始信号	小波滤波效果
SD	—	低
SDD	—	低
NMSE	9.02×10^{-4}	8.01×10^{-4}
PSNR	16.01	16.38
SNIR	—	1.023
DR	—	2.08×10^{-3}

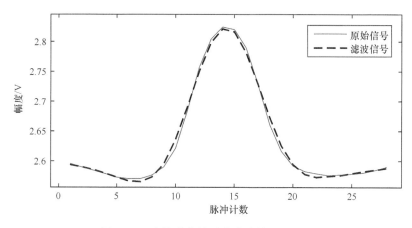

图 3.13　大缺陷信号混合滤波效果对比图

3. 小波动信号混合滤波算法

1) 等纹低通滤波

等纹低通滤波是一种最佳逼近的优化算法,它消除了频率采样法与窗函数设计法某些缺点,可将波纹的峰值即最大误差最小化,同时均匀分布于整个逼近频段。最佳逼近是指在滤波器长度给定的情况下,保证波纹幅度的加权误差为最小。等波纹,即用等波纹最佳逼近法设计的 FIR 滤波器可对通带波纹幅度以及阻带波纹幅度进行分别控制,其幅频响应在通带以及阻带均为等波纹的。指标相同时,等波纹最佳逼近法设计的 FIR 滤波器的阶数最低;阶数相同时,等波纹最佳逼近法设计的 FIR 滤波器的最大逼近误差最小,也就是说,通带最大衰减为最小,同时阻带最小衰减为最大。综上,等纹低通滤波性能比最高。

等纹低通滤波器通过改变参数进行滤波效果测试可知,当参数通带截止频率为 0.11,阻带截止频率为 0.15 时,效果最佳。表 3.12 为经过边缘效应消除后的等纹低通滤波指标对比图,可以看出,效果较佳时,SD 和 SDD 均比较理想。NMSE 虽会减小,PSNR 会增大,但是幅度均不是很大,SNIR 一般,DR 都比较理想。既降低了高频段的噪声信号,又很好地保留了低频段的有用信号,失真较小。从图 3.14 等纹低通滤波效果对比图可以看出,无缺陷信号处滤波效果不是很好。

表 3.12　等纹低通滤波效果评价性能指标

评价指标	原始信号	等纹低通滤波效果
SD	—	低
SDD	—	中等
NMSE	2.32×10^{-5}	2.05×10^{-5}

续表

评价指标	原始信号	等纹低通滤波效果
PSNR	32.66	33.26
SNIR	—	1.018
DR	—	1.10×10^{-3}

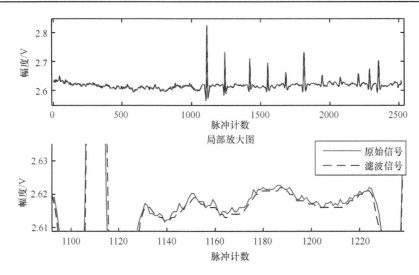

图 3.14　等纹低通滤波器滤波效果对比图

2) 贝塞尔滤波

IIR 滤波器为无限脉冲响应滤波器,又称为递归型滤波器,即具有反馈环节。IIR 滤波器的相位特性是非线性的,当幅度响应相同时,与 FIR 滤波器相比,IIR 的阶数要低很多。贝塞尔滤波器相频具有线性特性,同时过渡带宽且不陡。贝塞尔滤波器恰好适用于信号失真较小的场合,阶数越高,群时延特性越好,即信号相位失真越小。贝塞尔滤波器基本不存在过冲现象,同时参数选取得当,可使信号增强。

通过改变参数进行滤波效果测试可知,当参数低截止频率为 0.07,高截止频率为 0.37 时,效果最佳。表 3.13 为贝塞尔滤波指标对比图,可以看出,效果较佳时,SD 和 SDD 均很理想。NMSE 虽会减小,PSNR 变化不大,SNIR 较高,DR 理想。从图 3.15 贝塞尔滤波效果对比图可以看出,效果还是比较好的。

表 3.13　贝塞尔滤波效果评价性能指标

评价指标	原始信号	贝塞尔滤波效果
SD	—	高
SDD	—	中等

评价指标	原始信号	贝塞尔滤波效果
NMSE	2.32×10^{-5}	1.17×10^{-5}
PSNR	32.66	33.68
SNIR	—	1.031
DR	—	1.21×10^{-3}

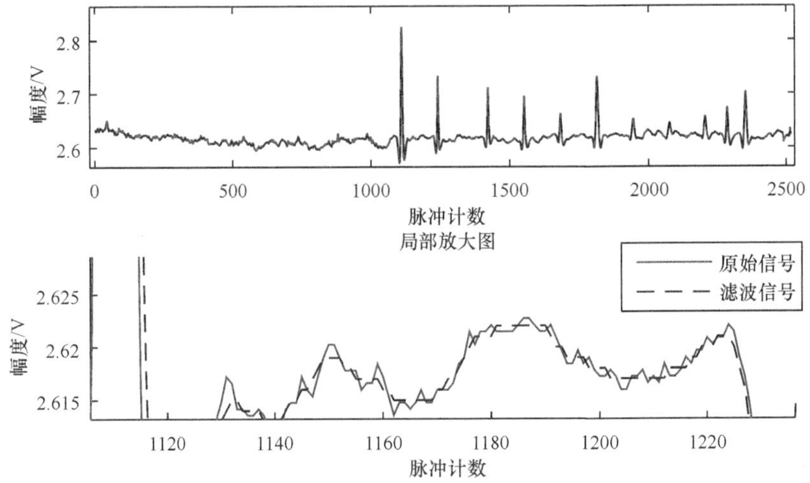

图 3.15　贝塞尔滤波效果对比图

对于小波动信号既有可能是小缺陷又有可能是大幅度噪声信号。应通过自适应算法对此信号进行智能处理。若为噪声信号应达到削减其幅值,类似于处理不含有缺陷信号的效果,若为小缺陷信号应保证平滑信号地情况下使其幅度稍微增大,即图像增强。等纹低通滤波最大的特点就是最大误差最小化,并且其最大逼近误差均匀分布。贝塞尔滤波最大的特点就是失真小,不存在过冲现象,且参数适当时,可使图像增强。通过等纹低通滤波和贝塞尔滤波混合滤波算法处理含有小缺陷信号的数据。因此先通过等纹低通滤波算法对缺陷信号进行滤波,再通过贝塞尔滤波算法对幅值进行进一步平滑,通过选取合适的参数,使两种方法完美地结合在一起,对含有小缺陷的信号进行小波动信号混合滤波。

从表 3.14 和图 3.16 可以看出,小波动信号混合滤波算法在小缺陷信号平滑的同时,小缺陷信号的峰谷差没有失真,并且信号得到了一定的增强。噪声信号引起的小鼓包属于大噪声信号,得到了幅值较大幅度的衰减,但是削减力度仍未达到滤除噪声引起的小鼓包的理想效果。整体来说,基本做到了滤除高频噪声信号,保留有用信号,较单一滤波效果说,滤波效果大大增强,但由于噪声引起的小鼓包未完全滤除，因此算法仍需改进。

表 3.14　小波动信号混合滤波评价性能指标

评价指标	原始信号	小波滤波效果
SD	—	低
SDD	—	中
NMSE	9.39×10^{-6}	7.32×10^{-6}
PSNR	18.90	20.89
SNIR	—	1.105
DR	—	2.77×10^{-4}

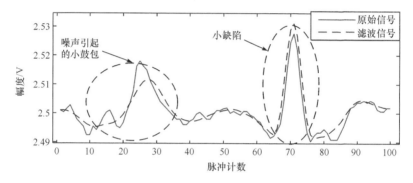

图 3.16　小波动信号混合滤波效果对比图

4. 单通道自适应滤波算法的实现

利用以上原理实现单通道自适应滤波，通过表 3.15 可看出，效果较佳时，SD 和 SDD 均很理想。NMSE 也有少许减小，PSNR 变化稍微有所增大，SNIR 相对较高，DR 理想。滤波结果如图 3.17 所示，局部效果图见前文所述，效果有明显改善。

表 3.15　单通道自适应滤波评价性能指标

评价指标	原始信号	小波滤波效果
SD	—	低
SDD	—	中
NMSE	2.32×10^{-5}	2.06×10^{-5}
PSNR	32.66	33.09
SNIR	—	1.013
DR	—	1.27×10^{-4}

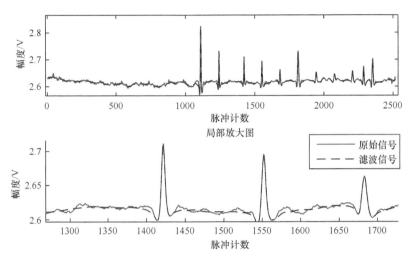

图 3.17　单通道自适应滤波效果对比图

3.4.2　多通道自适应滤波

为了测量磁通量,通常将霍尔传感器安装在管道的周向方向。显然可以对每个霍尔传感器采集到的漏磁信号通过单通道滤波的方法进行数据预处理,然后对全路信号进行基线校正后同时显示,然后进行数据处理。因此,单通道滤波简单、方便、可操作性强,在某种程度上可以满足多通道漏磁信号的滤波需求,具有一定的实用性。但是利用单通道滤波对多通道数据进行滤波相对于多通道数据同时滤波,效率低、时间长,同时受管道和传感器之间提离值的影响,各种电子元件的属性不同,传感器的位置不同,因此即使在漏磁检测中缺陷是相同的,每个通道输出信号的幅值和相位是不同的。我们通常称之为通道间的不匹配[17]。除非采取某些措施,否则通道间信号的不匹配可能严重降低测试设备的使用性能和损害缺陷特征提取和定位估测水平,单通道滤波显然无法解决通道间信号不匹配问题,显露出了单通道滤波系统在处理多通道数据时的不足,进一步说明了研究多通道滤波系统的必要性。

通过漏磁数据特点以及上述理论分析完成自适应滤波算法的设计。滤波前先进行数据校正即基线校正和异常点剔除与补偿。然后进行单通道自适应滤波,完成线滤波,再进行多通道自适应滤波,完成面滤波。

连通区域标记是所有二值图像分析的基础,它通过一定的阈值控制,对多通道信号数据进行标记,将相互独立的每个连通区域形成一个被标识的块,然后我们就可以获得信号状态。

图 3.18 为多通道数据识别流程图。读取完成单通道滤波后的数据,为了自动

识别自适应阈值准确,将海量数据进行数据分割,分别对每区域数据自动计算自适应阈值λ_1,该阈值λ_1用来区分是不含有缺陷信号区域,记为ψ_1,还是疑似有缺陷信号区域,记为ψ_1',然后进行连通区域标记,如果区阈值为0,则为含有缺陷信号区域;如果区阈值为1,则为疑似缺陷信号区域;对疑似缺陷信号进行区域扩展,在区域中寻找波谷值与波峰值,再求最大波谷差,然后自动计算自适应阈值λ_2,该阈值

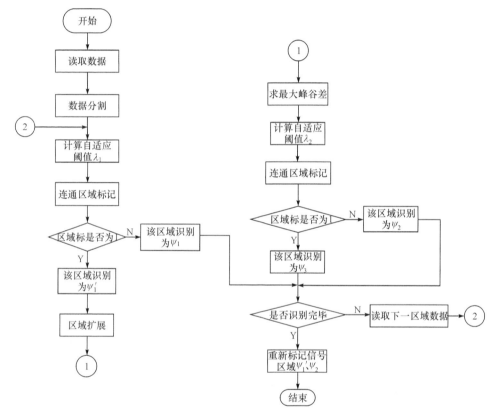

图 3.18　多通道数据识别流程图

λ_2用来区分是小波动信号区域,记为ψ_2,还是较大缺陷信号区域,记为ψ_3,然后进行连通区域标记,如果区阈值为0,则为小波动信号区域ψ_2;如果区阈值为1,则为较大缺陷信号区域ψ_3;当全部标记完毕后,信号区域间会出现重叠现象,需重新标定。ψ_2与ψ_1重叠部分归ψ_2,ψ_3与ψ_1重叠部分归ψ_3,ψ_3与ψ_2重叠部分归ψ_3。针对算法识别得到的三种不同信号类型,设计了对应的三种混合滤波算法。ψ_1采用无缺陷信号混合滤波算法;ψ_2采用小波动信号混合滤波算法;ψ_3采用大缺陷信号混合滤波算法。

1. 无缺陷区域混合滤波算法

1) 中值滤波

中值滤波[18]具体实现方法是先对滤波窗口内的所有像素值进行大小排序,再选取排序结果的中值作为输出的中心像素值。这样的处理方式使得孤立的噪声像素点不会对滤波结果造成很大影响,从而达到去噪效果。另外,由于中值滤波不会产生新的像素值,因此兼具一定的保持细节能力。从算法上看,中值滤波具有算法简单、处理速度快的优点。

但是中值滤波也有其局限性:该算法在抑制图像噪声和保护细节两方面存在此消彼长的关系,当滤波窗口较小时能保护好图像的细节信息,但此时去噪能力低,原因是当斑点噪声范围大过滑动滤波窗口宽度时,将不能滤除噪声;当滤波窗口较大时可增强噪声的抑制能力,但由于输出像素值可能与原像素值相差太大,造成图像细节损失和信息丢失。实际应用中为了兼顾去噪和保护图像细节信息,需要根据图像的局域统计特性或特征来选取窗口大小。从图 3.19 可以看出,噪声信号被滤波的同时,有用信号得到了良好的保护。

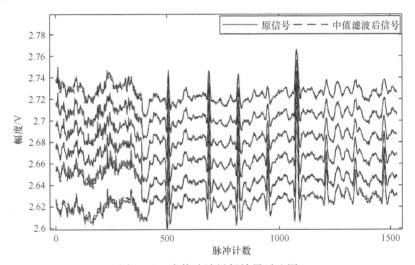

图 3.19　中值滤波局部效果对比图

从表 3.16 可以看出,中值滤波 SD 以及 SDD 都还是比较好的。NMSE 有少许降低,PSNR 增大了,SNIR 较高,DR 很低。因此中值滤波滤波效果较好。

表 3.16　中值滤波效果评价性能指标

评价指标	原始信号	中值滤波效果
SD	—	低
SDD	—	中等

评价指标	原始信号	中值滤波效果
NMSE	8.15×10^{-6}	6.15×10^{-6}
PSNR	32.14	32.20
SNIR	—	1.002
DR	—	6.58×10^{-4}

2) 均值滤波

由于均值滤波具有较强的平滑能力,在具体应用时,均值滤波一般选取较小的滤波窗口,如 3×3 和 5×5。可以看出,均值滤波窗口中每个像素点的权值都为 1。这种处理方法表明:在均值滤波中,中心像素点和它的邻域像素点的地位都是一样重要的。在经过均值滤波后,图像中灰度值变化剧烈的孤立像素值会被周围的像素所平均,这使得图像变得平滑并达到降噪效果。图像中斑点噪声的最大特点就是噪声的像素值较邻域像素值变化比较大。从图 3.20 可看出,均值滤波对超声图像具备很好的抑制噪声能力。但均值滤波也有很大的缺陷:它可以认为是一种低通滤波算法,虽然对噪声的抑制能力较强,但同时会破坏图像细节,损失高频信息,降低分辨率。而且均值滤波后的图像的信息损失程度与滤波窗口直接相关,滤波窗口越大,图像的信息损失程度越高。

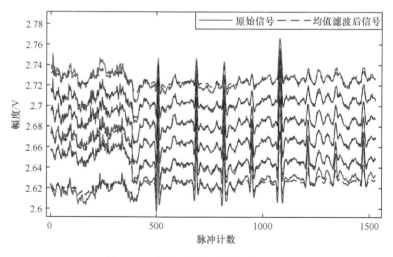

图 3.20　均值滤波局部效果对比图

从表 3.17 可以看出,均值滤波 SD 以及 SDD 效果均不是很理想。NMSE 有大幅度降低,PSNR 增大较多,SNIR 较高,DR 一般。因此均值滤波削减噪声能力很强。

表 3.17　均值滤波效果评价性能指标

评价指标	原始信号	均值滤波效果
SD	—	中等
SDD	—	低
NMSE	8.15×10^{-6}	2.50×10^{-6}
PSNR	32.14	33.32
SNIR	—	1.037
DR	—	1.40×10^{-3}

　　当使用中值滤波时,信号幅度会大幅度减小,同时均值滤波最大的特点就是使信号更加平滑,因此先通过中值滤波算法对幅值进行削减,再通过均值滤波平滑曲线,通过选取合适的参数,使两种方法完美地结合在一起,实现无缺陷区域混合滤波算法。

　　对于不含有缺陷区域的多通道信号,应尽可能削弱信号幅度,平滑地滤除此区域信号,使幅值接近基值的平坦信号,因此先通过无缺陷信号混合滤波,再通过无缺陷区域混合滤波。如表 3.18 和图 3.21 所示,效果比只进行单通道滤波算法效果好很多。

表 3.18　无缺陷区域的自适应滤波效果评价性能指标

评价指标	原始信号	滤波效果
SDD	—	高
NMSE	4.14×10^{-6}	6.91×10^{-10}
PSNR	21.18	32.43
SNIR	—	1.531
DR	—	2.83×10^{-3}

2. 大缺陷区域混合滤波算法

1）高斯滤波

　　高斯滤波算法[19]可进行高斯噪声的消除,属于线性平滑滤波算法,广泛应用于图像滤波领域。高斯滤波即为将所有信号进行加权平均的过程,信号中的每个值,均由其本身和邻域内的其他信号值经过加权平均后得到。高斯滤波的具体滤波方法是:用一个模板掩模对信号中的每个值进行扫描,用模板确定邻域内信号的加权平均值来替换模板中心值。从图 3.22 可看出,高斯滤波平滑性好、失真低。

　　从表 3.19 可以看出,高斯滤波 SD 以及 SDD 效果比较理想。NMSE 有所降低,PSNR 有所增大,SNIR 高,DR 较低。因此高斯滤波适合做初步的滤波处理。

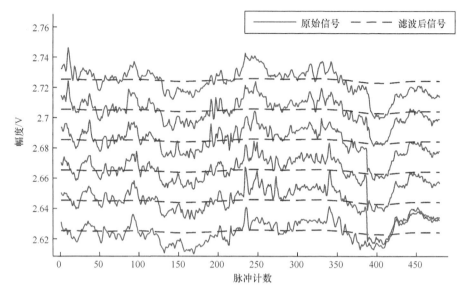

图 3.21　无缺陷区域的自适应滤波效果对比图

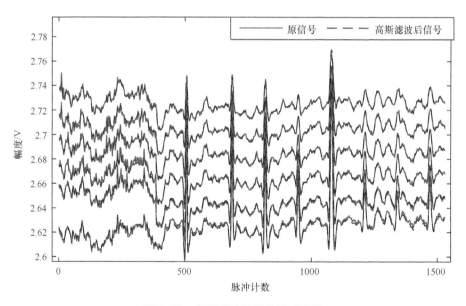

图 3.22　高斯滤波局部效果对比图

表 3.19　高斯滤波效果评价性能指标

评价指标	原始信号	高斯滤波效果
SD	—	低
SDD	—	中等

续表

评价指标	原始信号	高斯滤波效果
NMSE	8.15×10^{-6}	4.58×10^{-6}
PSNR	32.14	3329
SNIR	—	1.036
DR	—	7.98×10^{-4}

2) 小波包滤波

由于小波分析以分离信息思想为基础,每个小波域与其他小波阈通过分离到各个小波域有用信息相互关联,这使得小波分析在信号处理中功能强大,进行数据滤波处理时也更加灵活。

全局阈值化算法作用时信息粒度过大、精细度较差,因此能量成分保留以及高信噪比很难同时获取[20]。通过对滤波作用的阈值分解后,性能得到了明显提高,这是由于分层阈值能对信号固有时频的局部化信息做出更全面地描述。但是小波分解方法灵活度依旧不够,分解得到的小波树只有一种模式,不能对时频的局域特性做出全面描述。但是,滤波的核心思想是将各小波域系数间的信息相关性最大限度地削弱,尽最大可能将时频局域特性体现出来。因此,多通道滤波采用小波包算法,为了达到分解系数表达的信息密度最高,小波树是根据不同的信息论准则确立的。小波包分析是小波分析的延伸,为信号提供了一种更加精细的滤波方法。

小波包滤波能够良好地保留缺陷峰值。从表 3.20 可以看出,小波包滤波 SD 比较理想,SDD 效果较差。NMSE 有所降低,PSNR 有所增大,SNIR 高,DR 一般。从图 3.23 可看出,小波滤波适应性很好。

表 3.20　小波包滤波效果评价性能指标

评价指标	原始信号	小波包滤波效果
SD	—	低
SDD	—	低
NMSE	8.15×10^{-6}	6.18×10^{-6}
PSNR	32.14	34.07
SNIR	—	1.060
DR	—	9.94×10^{-4}

小波包滤波方法能同时在时、频域内对信号进行分析,能有效的区分信号中的缺陷信号和噪声,从而完成含有较大缺陷信号的去噪。高斯滤波可显著提高信噪比,可使图像平滑,且失真较小。因此先通过高斯滤波算法对缺陷信号进行滤波,

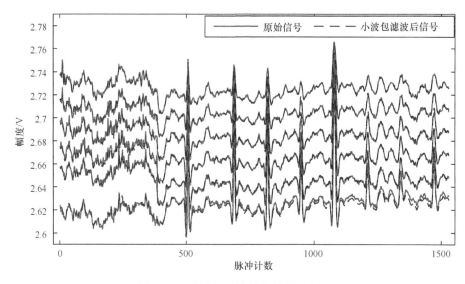

图 3.23　小波包滤波局部效果对比图

再通过小波包滤波算法对幅值进行进一步平滑，通过选取合适的参数，使两种方法完美地结合在一起，实现大缺陷区域混合滤波算法。

对于含有较大缺陷的信号，应保证在不失真的情况下，即保证缺陷信号的峰谷差尽量不变，使其更加平滑。因此先通过大缺陷信号混合滤波，再通过大缺陷区域混合滤波。从表 3.21 和图 3.24 可以看出，峰值还是有少许较低，这是因为在峰值处也是有噪声的，峰谷差变动不大，效果比只进行单通道滤波算法效果好很多。

表 3.21　大缺陷区域的自适应滤波效果评价性能指标

评价指标	原始信号	滤波效果
SD	—	低
SDD	—	低
NMSE	5.16×10^{-5}	5.12×10^{-5}
PSNR	22.53	22.60
SNIR	—	1.003
DR	—	2.42×10^{-4}

3. 小波动区域混合滤波算法

巴特沃斯滤波器属于 IIR 数字滤波器的一种。巴特沃斯滤波器最大特点为通频带中的频率响应曲线尽可能平坦，没有起伏，同时在阻频带中的频率响应曲线会

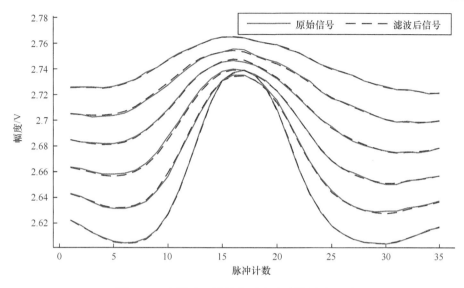

图 3.24 大缺陷区域的自适应滤波效果对比图

逐渐下降到零。在振幅的对数对角频率的波特图中,以某一角频率为界限,随着角频率的增大,振幅逐渐减少,趋于负无穷大。随着巴特沃斯滤波器的阶数的增大,其衰减率也在逐步升高。它的振幅对角频率是单调下降的,同时其阶数无论是多少,振幅对角频率曲线形状均会保持相同,只不过随着阶数升高,在阻频带处的振幅衰减速度就会越来越快。这是巴特沃斯滤波器特有的性质。其他滤波器的振幅对角频率图在高阶与低阶数时的形状是不相同的。巴特沃斯滤波器可用以下表征振幅的平方对频率关系的公式表示:

$$|H(\omega)|^2 = \cfrac{1}{1+\left(\cfrac{\omega}{\omega_c}\right)^{2n}} = \cfrac{1}{1+\varepsilon^2\left(\cfrac{\omega}{\omega_p}\right)^{2n}} \tag{3.8}$$

式中,n 为滤波器的阶数;ω_c 为截止频率=振幅下降到 -3 分贝时的频率;ω_p 为通频带边缘频率;$\cfrac{1}{1+\varepsilon^2} = |H(\omega)|^2$ 为在通频带边缘的数值。

从表 3.22 可以看出,巴特沃斯滤波 SD 和 SDD 均比较理想。NMSE 大幅度降低,相应的 PSNR 增大幅度也很大,SNIR 高,DR 较差。从图 3.25 可看出,巴特沃斯滤波器可保证平滑信号的同时,最大限度地保证不失真,使峰值削弱最小。

表 3.22 巴特沃斯滤波效果评价性能指标

评价指标	原始信号	巴特沃斯滤波效果
SD	—	低
SDD	—	中

续表

评价指标	原始信号	巴特沃斯滤波效果
NMSE	8.15×10^{-6}	4.15×10^{-6}
PSNR	32.14	34.76
SNIR	—	1.082
DR	—	8.99×10^{-4}

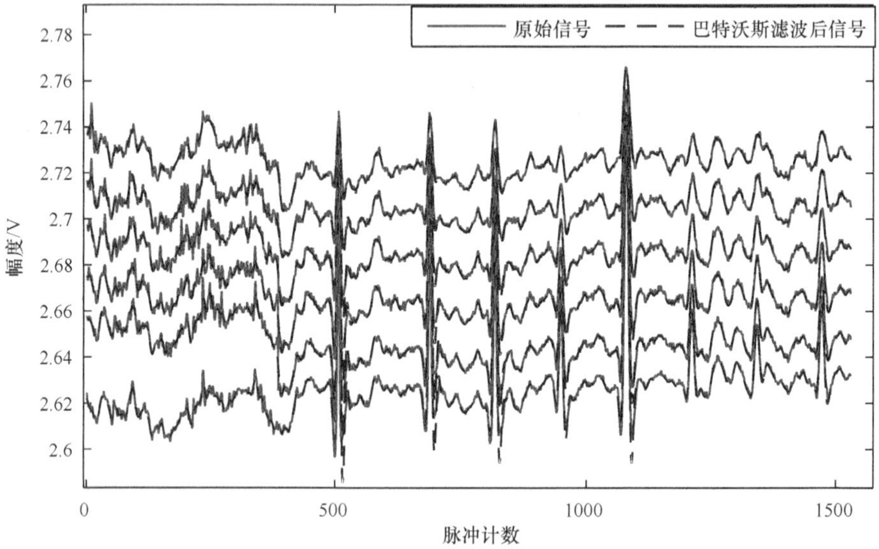

图 3.25　巴特沃斯滤波局部效果对比图

对于小波动信号区域,若为噪声信号应达到削减其幅值,类似于处理不含有缺陷信号的效果,若为小缺陷信号应保证平滑信号地情况下使其幅度稍微增大,即图像增强。高斯滤波的特点为能对信号数据进行能量转化,能量低的就排除掉,噪声属于低能量部分,完美的避免了缺陷信号的失真,与噪声信号能量的衰减。巴特沃斯滤波最大的特点是曲线最大限度平坦,没有起伏。因此先通过高斯滤波算法对小缺陷信号进行滤波,实现去噪与尽可能大的使缺陷信号不失真,再通过巴特沃斯滤波算法对幅值进行进一步平滑,以及实现缺陷信号的图像增强,通过选取合适的参数,使两种方法完美地结合在一起,实现小波动区域混合滤波算法。

对于小波动信号既有可能是小缺陷信号又有可能是大幅度噪声信号。应通过自适应算法对此信号进行智能处理。因此先通过小波动信号混合滤波,再通过小波动区域混合滤波。从表 3.23 和图 3.26 可以看出,小缺陷信号平滑的同时,信号得到了一定的增强。而另一个噪声小鼓包即图像中左端的小鼓包得到了平滑处理,信号得到削减,效果比只进行单通道滤波算法效果好很多。

表 3.23 小波动区域的自适应滤波评价性能指标

评价指标	原始信号	小波滤波效果
SD	—	低
SDD	—	高
NMSE	6.08×10^{-6}	5.18×10^{-6}
PSNR	20.91	23.90
SNIR	—	1.143
DR	—	1.23×10^{-3}

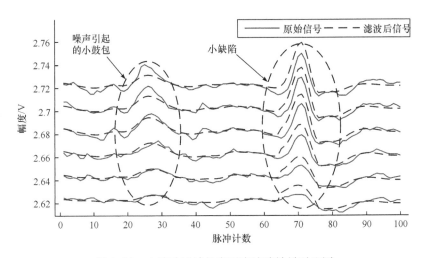

图 3.26 小波动区域的自适应滤波效果对比图

4. 自适应滤波算法的实现

利用以上原理实现自适应滤波,通过表 3.24 可看出,效果较佳时,SD 和 SDD 均很理想。NMSE 也有少许减小,PSNR 有所增大,SNIR 相对较高,DR 理想。滤波结果如图 3.27 所示,局部效果图见前文所述,效果有明显改善。

表 3.24 自适应滤波评价性能指标

评价指标	原始信号	小波滤波效果
SD	—	低
SDD	—	高
NMSE	8.15×10^{-6}	6.24×10^{-6}
PSNR	32.14	33.51
SNIR	—	1.043
DR	—	2.32×10^{-3}

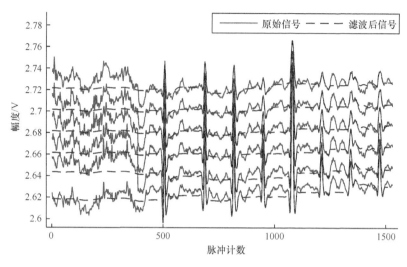

图 3.27　自适应滤波效果对比图

　　经过以上分析可看出,自适应滤波算法在传统单一滤波算法的基础上,滤波效果有了较大的改进,自适应性更强,但是仍需进一步改进,达到更加理想的滤波效果。

参 考 文 献

[1] 刘敏. 基于 GIS 的森林资源调查空间平衡抽样方法研究[D]. 南京:南京林业大学,2012.

[2] 刘爱芹,吴玉香. 分层抽样中样本量的分配方法研究[J]. 山东财政学院学报,2007,04:49-53.

[3] 张恩超. 基于钢丝绳漏磁检测定量算法研究[D]. 哈尔滨:哈尔滨工业大学,2013.

[4] 杨理践,毕大伟,高松巍. 油气管道漏磁检测的缺陷量化技术的研究[J]. 计算机测量与控制,2009,08:1489-1491.

[5] 马凤铭,杨理践. 高速漏磁检测中的速度效应及信号补偿[J]. 无损探伤,2005,03:12-15.

[6] 孙寅春,王平,田贵云,等. 利用时间切片法对铁磁性材料缺陷进行分类识别的研究[A]. 2009 远东无损检测新技术论坛,2009,6:153~158.

[7] 王洪春,彭宏. 一种基于主成分分析的异常点挖掘方法[J]. 计算机科学,2007,10(2):192-194.

[8] 钱昌明,李国庆,黄皓. 分类异常点检测算法及在 IDS 模型中的应用[J]. 计算机应用研究,2006,10(2):94-96.

[9] 杨守超. 基于支持向量机的管道缺陷分类方法研究及缺陷可视化软件设计[D]. 沈阳:东北大学,2012.

[10] 黄静,李长春,延皓,等. 多尺度直线拟合法在时间序列突变点检测中的应用[J]. 兵工学报,2015,6(3):1110-1116.

[11] 夏良正. 数字图像处理[M]. 南京:东南大学出版社,1999,56-58.

[12] 高西全,丁玉美. 数字信号处理[M]. 西安:西安电子科技大学出版社,2008,45-56.

[13] Abboud D,Baudin S,Antoni J,et al. The spectral analysis of cyclo-non-stationary signals [J]. Mechanical Systems and Signal Processing,2016,75(1):280-300.

[14] 陈怀琛. 数字信号处理教程——MATLAB 释义与实现[M]. 北京:电子工业出版社,2004, 10-19.

[15] 张德丰. MATLAB 数字信号处理[M]. 北京:电子工业出版社,2010,247-250.

[16] 史洁玉. MATLAB 信号处理超级学习手册[M]. 北京:人民邮电出版社,2014,104-113.

[17] Shiming Ge,Rui Yang,Yuqing He,et al. Learning multi-channel correlation filter bank for eye localization[J]. Neurocomputing,2016,173(2):418-424.

[18] 余胜威. MATLAB 图像滤波去噪分析及其应用[M]. 北京:北京航空航天大学出版社, 2015,208-219.

[19] Bouman C,Sauer K. A generalized Gaussian image model of edge preserving map estimation [J]. IEEE Trans Image Processing,2001,2(3):296-310.

[20] 孔玲军. MATLAB 小波分析超级学习手册[M]. 北京:人民邮电出版社,2014,296-326.

第4章 缺陷特征智能提取及特征分析方法研究

4.1 缺陷特征提取及分析的研究背景

4.1.1 研究背景

随着现代工业及科学技术的迅速发展,生产设备日趋大型化、集成化、高速化、自动化和智能化,设备在生产中的地位越来越重要,对设备的管理也提出了更高的要求,能否保证一些关键设备的正常运行,直接关系到一个行业发展的各个层面。为尽最大可能避免事故的发生,机械设备状态监测与故障诊断技术近年来得到了极为广泛的重视。目前,机械设备状态监测与故障诊断已基本上形成了一门既有理论基础、又有实际应用背景的交叉性学科[1]。机械故障诊断的基本任务是监视机械设备的运行状态,诊断和判断机械设备的故障并提供有效的排故措施,指导设备管理和维修。在机械故障诊断的发展过程中,人们发现最重要、最关键而且也是最困难的问题之一是故障信号的特征提取。在某种意义上,特征提取可以说是当前机械故障诊断研究中的瓶颈问题,它直接关系到故障诊断的准确性和故障早期预报的可靠性[2]。对机械设备的故障诊断大体上由三部分组成:第一部分为故障诊断物理、化学过程的研究,如以电器、机械部件失效的腐蚀、儒变、疲劳、氧化、断裂、磨损等理化原因的研究;第二部分为故障诊断信息学的研究,它主要研究故障信号的采集、选择、处理与分析过程,例如,通过传感器采集设备运行中的信号经过时域与频域上的分析处理来识别评价所处的状态或故障;第三部分为诊断逻辑与数学原理方面的研究,主要是通过逻辑方法、模型方法、推论方法和人工智能方法,根据可观测的设备故障表征来确定下一步的检测部位,最终分析判断故障发生的部位和产生故障的原因,其中第二部分为故障诊断中最为关键的部分[3]。

4.1.2 缺陷特征提取及分析研究现状

特征提取是模式识别领域最根本的问题之一,提取有效的甄别特征是解决目标分类识别问题的先决条件[4]。特征提取与特征选择的最终结果是获得一个关于原数据集的低维表示。早期的统计方法目的是得到数据在低维空间的可视化投影,从而发现数据集的聚类、空间分布等结构特性。但另一方面,特征提取与特征选择也可作为一种数据预处理技术,将高维数据转换成易于处理的低维数据。从实际应用案例如文本挖掘、图像检索、生物特征识别出发,探讨针对分类、回归、聚类的降维方法更具有现实指导意义[5]。

1. 国外研究现状

早在 1873 年,Beltrami 和 Jordan 在奇异值分解(SVD)的基础上独立推导出了 PCA,Pearson 与 Hotelling 分别在 1901 年与 1933 年给出了 PCA 的几何描述和代数描述[6]。1972 年,Fukunaga 出版的专著《Introduction to statistical recognition》中对 PCA 做了系统的阐述[7]。此后,Fukunaga 和 Young 等曾对 PCA 进行了深入研究,并讨论了是否能够作为线性特征提取方法的稳定性问题。直到 20 世纪 90 年代初,Kirby 和 Sirovich 等讨论了利用 PCA 对人脸图像进行最优化表示的问题[8]。1990 年由 Turk 和 Pentland 提出 KL 变换法,该方法广泛应用于故障检测数据处理,是常用的特征提取方法之一。随后,Scholkopf 等用核技术将经典的 PCA 推广至 KPCA,提取了高维特征空间中的线性鉴别特征,即原始输入空间中的非线性鉴别特征。

独立分量分析(ICA)作为 PCA 的延伸,关注于数据之间的高阶统计量,使得变换后的各分量之间高阶统计独立,能够反映出数据间的本质特征。ICA 的提出源于盲源信号分离(BSS)问题解决的需要[9],在 1986 年,法国学者 Herault 和 Jutten 提出了一个基于神经网络模型和 Hebbian 学习准则的方法,开启了对盲源分离(BSS)问题的解决。1995 年美国学者 Bell 和 Sejnowski 提出了一种基于信息极大化的 ICA 算法 Infomax 算法,可以解决语音等超高斯信号的盲分离问题,使ICA 得到更为广泛关注,这是应用 ICA 实现特征提取的开端。

对单类分类特征提取的研究仍处于初始阶段,如 Tax 和 Muller 提出的基于住成分分析特征提取的方法,指出对于单类分类,使用 PCA 进行降维,保留最大方差方向并不总是最优的[10]。2011 年,McBain 和 Timusk 提出了类似于多类判别分析的方法。因此与两类分类及多类分类相同,对单类分类的特征特区方法加以研究同样势在必行。

2. 国内研究现状

2004 年相关学者提出了子模式主分量分析的概念,将向量化后图像样本不重叠地划分成多个子模式,然后对每个子模式单独用 PCA 提取特征,该算法同样利用了图像的内在结构信息。除此之外,将小波变换等滤波工具与 PCA 相结合,如小波主分量分析,在对图像进行小波变换提取出变换系数后,再用 PCA 进行特征提取,此算法能够有效地提取出变换系数特征和代数特征。Zhou 等利用人类的视觉系统对图像具有稀疏表示的特性提出了稀疏主分量分析(SPCA),该方法将 PCA 转化成一个回归最优化问题,求出在对 L1-范数约束下的回归系数,即 PCA 的投影向量。

除此之外天津大学王太勇、蒋奇等应用小波分析对漏磁信号进行峰峰间距、峰峰值、边缘峭度等特征量提取[11]。利用小波分析在信号噪声分离、图像边缘检测、信号分解与识别、分离与定位突变和非平稳信号以及在时域和频域同时具有良好的局部细化性质等特点，从时频空间内进行特征提取来区别不同类型的缺陷。

在这种情况下，特征提取策略应运而生，通常采用一个函数映射，对数据进行线性或非线性变换，以减低原始数据的维数。传统的特征提取方法主要有主成分分析（PCA）和线性判别分析（LDA）[12]。当数据规模较大时，LDA会优于PCA，当数据规模较小时，PCA会比LDA更具优势。近年来，又出现了许多基于流行学习的特征提取方法，如局部保留映射（LPP）等，是一种较为常用的特征提取方法[13]。

上述特征提取方法都是基于数据的向量空间表示方法，仍存在缺点，如模式识别中经常使用的图像数据，本质上是二维结构，用基于向量空间的表示方法不利于发掘数据的本质结构，且将图像表示成向量后，维数相当大，特别是当训练数据很少时，LDA、LPP经常会遇到奇异值问题。为解决这些问题，基于矩阵表示形式的方法相继发展起来，如二维主成分分析、二维线性判别分析和二维局部保留映射。在实际应用中，这些基于矩阵形式的二维方法比相应的向量版本获得了更高的识别率和较低的时间复杂度，尽管如此，它们仍需进一步加以改进[14]。

综上，现在的特征提取方法中，仍存在某些缺陷，对现有的特征提取及分析方法进行研究并提出相应的改进方案，具有重要的理论意义和应用前景。

4.2　缺陷识别及检测

缺陷识别及检测的主要任务是完成缺陷的检测工作，即大数据环境下异常数据的快速检测，实现对异常点的精确定位，并成功提取缺陷异常数据，用于对缺陷的分析与处理，接下来介绍两种识别检测缺陷的方法。

4.2.1　平均幅值缺陷检测法

平均幅值法是基于差分超限法和阈值法提出的一种新的异常数据分离的方法。

1. 差分超限法

差分超限法是对异常数据检测分离的一种比较常用的方法。该方法是利用局部的异常数据区域中，相邻或者相近的离散点信号的幅值之间的差分会明显大于正常区域内对应的差分这一特性来检测异常数据的[15]。

设数据的离散数据序列为 X_i，经过差分超限法检测之后的数据为 Y_i。根据差分超限法的原理：

$$Y_i = \begin{cases} X_i, & |X_{i+1} - X_i| > D_0 \\ 0, & |X_{i+1} - X_i| \leqslant D_0 \end{cases} \tag{4.1}$$

式中, i 为顺序编号; Y_i 为数据的幅值; D_0 为数据的下限门限值。

由式(4.1)可以看出,经过差分超限法处理之后,只对数据的后一项与前一项的差超过阈值的数据予以保留,其余数值皆被赋予零值。

由于内检测器实际检测到的漏磁数据存在一定的抖动,往往会出现很小但数据很多的峰值点和谷值点。此类数据虽然属于正常的漏磁检测数据,但是由于此类数据的相邻两项差值仍然可能大于阈值,导致检测结果不够准确。为了解决这一问题,本文采用平均值法,每十个离散点作为一组,求取这十个点的平均值。用这十个数据平均值来代替这一组的十个数据。

$$\overline{X_j} = \frac{(X_j + X_{j+1} + \cdots + X_{j+9})}{10} \tag{4.2}$$

式中, j 为顺序编号; $\overline{X_j}$ 为第 j 组数据的平均值。

差分超限法的流程见图 4.1。

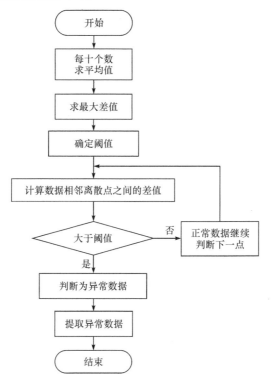

图 4.1　差分超限法流程图

差分超限法能够判别出漏磁检测数据中的异常部分,但是,其具有一些不足之处,这是由于缺陷漏磁检测的异常数据的峰值点附近有可能会出现一些差分过小的相邻离散点,当利用差分超限法对此处漏磁数据进行分析时,会将此处数据判断为正常数据。

2. 阈值法

阈值法是另一种对数据异常检测的常用方法。阈值法的基本原理是利用设定阈值,将信号分为两部分。只提取出信号值超过设定阈值的部分。此部分判定为数据异常部分,即缺陷数据。由于内检测器检测到的管道漏磁数据存在抖动,采用阈值法对缺陷数据进行分离时,依然需要采用上一小节所述的平均值法对检测数据的抖动进行处理。

漏磁检测的正常数据的幅值大于零,为能够用阈值直接对信号进行处理,首先将所有检测数据先减去正常漏磁数据的平均值,再应用设定的阈值进行判别。

应用阈值法判别异常数据,阈值的设定尤为重要。需要对多个传感器通道的正常检测数据进行分析,判断出各通道正常检测数据的最大幅值,将多个最大幅值的平均值作为阈值。

$$T = \frac{1}{N}\sum_{i=1}^{N} X_i \tag{4.3}$$

式中,X_i 为平均值法处理后的第 i 条通道正常数据的最大幅值;T 为设定的阈值。

设原始数据为 x 输出信号为 y,阈值法具体算法如式(4.4)所示:

$$y = \begin{cases} 0, & |x - \overline{X}| < T \\ x, & |x - \overline{X}| > T \end{cases} \tag{4.4}$$

式中,x 为输入数据;y 为输出数据;T 为阈值。

记录超过设定阈值的数据点的位置,此位置为异常区域,将记录位置的数据按照原始数据输出。其余位置的数据全部舍去,将异常数据在大量漏磁检测数据中提取出来的目的具体流程如图 4.2 所示。

应用阈值法能够判断出检测数据中的异常部分,但是同时也存在一些不足之处。由于管道缺陷处的漏磁检测数据多为"一峰双谷"的情形,在波谷之间存在的数据绝对值小于阈值的数据点,这些数据点将被判定为正常数据。这将对异常数据的判定和分离的效果造成一定的影响。

3. 平均幅值法

考虑到差分超限法和阈值法分离异常数据的局限性,在这两种方法的基础上提出一种新的方法,称为平均幅值法,该方法的流程如图 4.3 所示。

平均幅值法的具体实施步骤如下:

(1) 每十个数据点求平均值,以获得波动较小的稳定的数据;

(2) 应用平均值法对多个传感器通道的正常检测数据进行处理;

(3) 求取多个传感器正常数据的相邻离散点最大差值;

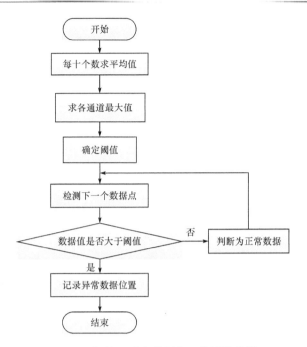

图 4.2　阈值法异常数据位置检测流程图

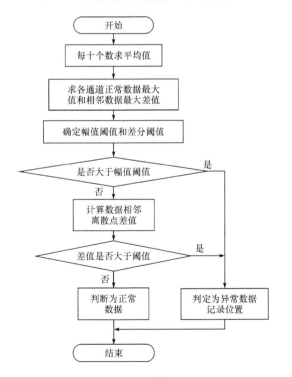

图 4.3　平均幅值法流程图

（4）将多个传感器通道的最大差值的平均值作为差分阈值；

（5）求取平均值法处理之后多个传感器正常数据的最大峰值；

（6）将多个通道数据的最大峰值的平均值与正常数据的平均值的差作为幅值阈值；

（7）对漏磁检测数据点进行判别，首先判断其幅值是否大于设定的幅值阈值，如果大于阈值，则认为此数据点为异常数据点，对其位置进行记录，否则执行步骤（7）；

（8）对漏磁检测数据点与相邻数据点的差值进行判别，如果大于差分阈值，则认为此数据点为异常数据点，对其位置进行记录，否则，认为此数据点为正常数据点。

图 4.4(a)为一段存在多个缺陷的管道的漏磁检测数据，利用幅值差分法对检测数据中的异常数据进行判别，并将异常数据从正常检测数据中分离出来。对分离之后的异常数据进行三次样条插值。从检测数据中分离出的异常检测数据如图 4.4(b)、图 4.4(c)和图 4.4(d)所示。

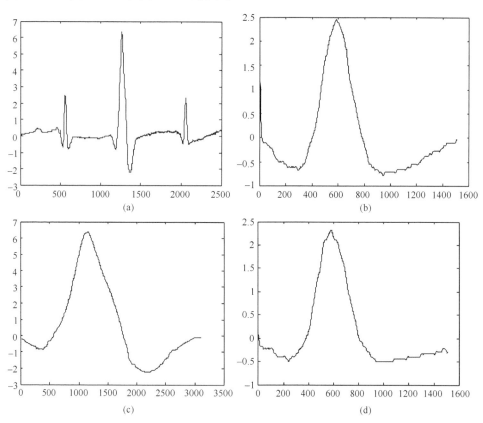

图 4.4　异常数据分离

4.2.2　多尺度窗缺陷检测法

为了能在漏磁检测的大数据中更快、更准确地检测到异常数据,在保证准确性的同时完成大数据下的异常快速检测,选择自动检测准确率较高的多尺度窗方法进行缺陷检测。

多尺度窗方法是一种基于变尺度数据窗的检测算法,利用这个算法可以准确检测出缺陷及确定缺陷的边界,通过数据窗将多维数据映射到低维空间,再在低维空间中判断,最后实现对异常点的精确定位。该方法中有两个因素会影响算法的性能,一个是数据窗的尺寸,另外一个是数据窗映射规则。

我们根据数据特点设计了一种变尺度的数据窗解决这个问题,建立数据窗的尺度和数据的干扰程度、幅值等特征关系模型,自动实现尺度变化,以保证检测的准确性,数据窗映射规则拟采用异常数据的信号能量。

多尺度窗缺陷检测方法主要步骤如下:

步骤 1:取固定长度原始数据,如图 4.5(a)所示。

由于漏磁原理难于识别小缺陷(长宽深分别小于 3mm×5mm×1mm 的缺陷),所以本文以 3mm×5mm×1mm 的缺陷作为检测极限。根据漏磁检测原理,3mm×5mm×1mm 的缺陷产生的漏磁信号在长度和宽度上分别大于 6mm 和10mm,并且随着缺陷深度加深,缺陷信号的长度和宽度也会随之增加。所以,变尺度时间窗的下界设置为:长度 6mm、宽度 10mm。

步骤 2:按照一定的长宽将图 4.5(a)中数据分块,等分后的结果如图 4.5(b)所示。

步骤 3:按照数据窗映射规则计算每个分块数据特征,将计算结果赋值到矩阵中。

步骤 4:设定阈值对矩阵数值判断,找出异常值,如图 4.5(c)所示。

步骤 5:对矩阵中相邻异常值合并,结果如图 4.5(d)所示。

步骤 6:将合并后的区域按照该区域最大长度和宽度扩展成矩形,如图 4.5(e)所示。

步骤 7:对扩展后的矩形区域的 4 个边界分别按照一定幅度缩小,计算该区域内的特征(如信号能量),直到特征的变化率达到设定阈值,图 4.5(f)所示为缺陷信号的实际边界。

步骤 8:确定边界后,计算该异常的特征量,如信号能量、峰峰值、峰谷值、谷谷值等。

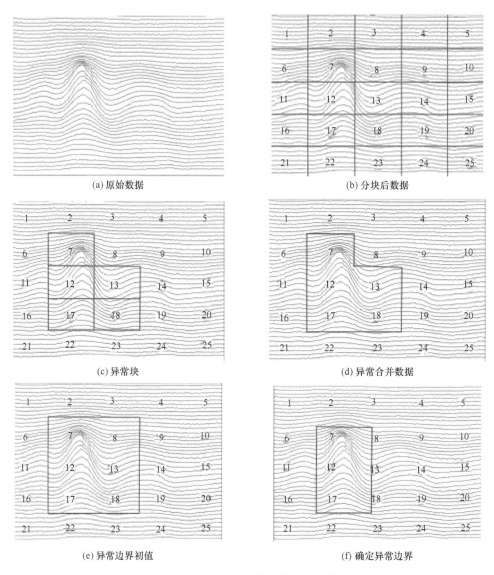

(a) 原始数据　　　　　　　　　　　(b) 分块后数据

(c) 异常块　　　　　　　　　　　(d) 异常合并数据

(e) 异常边界初值　　　　　　　　　(f) 确定异常边界

图 4.5　多尺度窗异常检测示意图

　　利用多尺度窗缺陷检测法对实采漏磁数据进行缺陷检测,图 4.6 为异常数据的检测结果。

　　从图 4.6 中可以看出,多尺度窗缺陷检测法最终成功实现对缺陷的辨识以及缺陷边界的确定,完成缺陷检测的工作。

　　将这种方法应用到牵拉试验、环路试验、海试采集数据的检测中。海试分析的结果表明多尺度窗缺陷检测算法对缺陷的检出率为 96% 左右,在检出的缺陷中有

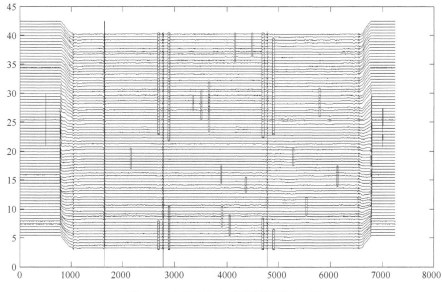

图 4.6　多尺度窗缺陷检测结果分布图

2%左右的误标,剩余的 15% 为缺陷信号异常或受阈值影响而未被标出的缺陷,环路实验缺陷的检出率达到了 98%,牵拉试验的检出率可以达到 100%,总体而言,多尺度窗检测算法有更好的检测效果。

4.3　缺陷特征提取及分析的研究意义

4.3.1　研究目的与意义

1. 研究目的

特征提取的研究主要有以下两个目的:一是寻找目标之间鉴别性最强的描述,以使不同类别的目标彼此分离;二是在一定情况下压缩目标数据的维数。

利用 PCA 等算法对已经识别的缺陷特征进行主元分析后,可以找到反演缺陷尺寸的准确的特征量,即接下来只研究主元特征量与缺陷尺寸的关系即可,找到好的缺陷特征提取及分析的方法就可以提取出更准确的特征量,可以更精确地判断出缺陷的尺寸信息,使得金属缺陷检测的评价更加准确,既能发现严重的必须处理的腐蚀缺陷,又能避免对不严重缺陷的误处理。

2. 研究意义

金属腐蚀缺陷的检测,必然会产生庞大的检测数据量。工业大数据的特征提取,成为金属材料腐蚀缺陷诊断的重要一步[16]。所以找到合理的缺陷数据特征提取及分析方法,对金属腐蚀检测的准确性、高效性都能起到至关重要的作用[17]。

只有找到合适的数据特征提取及特征分析方法,才能在后续工作中,更加精确地判断管道腐蚀缺陷面积、深度、长度、形状等信息。

缺陷特征量合理的识别以及对特征量进行选择与分析能更好地为了下一步利用提取的缺陷特征反演缺陷的尺寸做好准备工作。

研究的意义包括:

(1) 提高故障检测设备的整体检测水平。

缺陷特征的识别及提取的成功实现可以提高缺陷检测的准确度,这样就可以得到缺陷更加精确的尺寸及位置信息,接下来就可以根据一定的优先原则,对一些严重缺陷进行及时维修,使烦琐复杂的金属材料设备的安全与风险评估工作简单化,对金属材料的模糊认识清晰化,为安全生产和维护提供科学决策依据。

(2) 延长输油管道寿命、节约投资成本。

对管道出现的缺陷进行及时的维修,能大大延长金属器材的使用寿命、节约投资成本,防止由金属腐蚀造成的恶性事故,避免人员与财产的损失。

(3) 避免重大事故的发生、减少事故危害性。

只有找到合适的数据特征提取方法,才能在后续工作中,更加精确地判断腐蚀缺陷面积、深度、长度、形状等信息,使得金属缺陷检测的评价更加准确,既能发现严重的必须处理的腐蚀缺陷,又能避免对不严重缺陷的误处理,进而创造大量的社会经济效益。

4.3.2　几种常见的特征提取及分析方法

主要介绍几种常见的特征提取方法:主成分分析(PCA)、线性判别分析(LDA)、独立成分分析(ICA),以上方法都属于特征提取的经典范畴,其分析方法仅限于二阶统计特性,确切地说这些方法是建立在协方差矩阵的基础上。

1. 主成分分析

主成分分析(principle component analysis,PCA)是模式识别判别分析中进行特征提取最常用的一种线性变换方法,又称之为 K-L 变换。PCA 的基本思想来源于 K-L 变换,目的是寻找一组最优的单位正交向量,即所谓的主成分,作为子空间的基,从数学上,主成分分析技术通过解特征值问题来对角化协方差矩阵。

一件事物的样本,观测到的 p 个变量分别为 $x_1, x_2, \cdots, x_p$,n 个样本的数据矩阵为

$$X = \begin{bmatrix} x_{11} & x_{12} & \cdots & x_{1p} \\ x_{21} & x_{22} & \cdots & x_{2p} \\ \vdots & \vdots & & \vdots \\ x_{n1} & x_{n2} & \cdots & x_{np} \end{bmatrix} = (x_1, x_2 \cdots, x_p) \tag{4.5}$$

主成分分析法就是将观测到的 p 个观测变量经过改造成为 p 个新的变量,这些新的变量为原变量经过变换后的综合变量。新变量如下:

$$\begin{cases} F_1 = a_{11}x_1 + a_{12}x_2 + \cdots + a_{1p}x_p \\ F_2 = a_{21}x_1 + a_{22}x_2 + \cdots + a_{2p}x_p \\ \qquad \cdots \\ F_p = a_{p1}x_1 + a_{p2}x_2 + \cdots + a_{pp}x_p \end{cases} \tag{4.6}$$

上式可以简写为

$$F_j = a_{j1}x_1 + a_{j2}x_2 + \cdots + a_{jp}x_p, \quad j = 1, 2, \cdots, p \tag{4.7}$$

上述模型需要满足以下这些条件:

(1) 各个主元 F_i, F_j 之间互不相关($i \neq j, i, j = 1, 2, \cdots, p$);

(2) F_1 的方差要大于 F_2 的方差,F_2 的方差要大于 F_3 的方差,并依此类推;

(3) $a_{k1}^2 + a_{k2}^2 + \cdots + a_{kp}^2 = 1, k = 1, 2, \cdots, p$。

上式中,F_1 被称为第一主成分,F_2 被称为第二主成分,依此类推。这里的 a_{ij} 被称为主分量系数。

上述模型也可以表示成矩阵的形式:

$$F = AX \tag{4.8}$$

式中,

$$F = \begin{bmatrix} F_1 \\ F_2 \\ \vdots \\ F_p \end{bmatrix}, \quad X = \begin{bmatrix} x_1 \\ x_2 \\ \vdots \\ x_p \end{bmatrix}$$

$$A = \begin{bmatrix} a_{11} & a_{12} & \cdots & a_{1p} \\ a_{21} & a_{22} & \cdots & a_{2p} \\ \vdots & \vdots & & \vdots \\ a_{p1} & a_{p2} & \cdots & a_{pp} \end{bmatrix} = \begin{bmatrix} a_1 \\ a_2 \\ \vdots \\ a_p \end{bmatrix}$$

其中,A 为主成分系数矩阵。

为了能更准确的理解主元特征分析的思想,用几何图形的形式对这种方法进行解释。假设对一事物样本进行了 n 次的测量,测量数据中包含两个变量 x_1 和 x_2。分别将这两个变量作为横坐标和纵坐标,将测量的数据点绘制在二维平面上。

由图 4.7 可见,数据点在二维平面上大致分布在一个椭圆内。数据点的变化

是由于变量 x_1 和 x_2 的变化引起的,也就是说变量 x_1 和 x_2 表达了数据点在二维平面上的位置。从图 4.7 还可以看出,样本数据点在两个变量 x_1 和 x_2 的方向上都具有比较大的离散性。这种离散程度可以通过分别计算数据点在两个变量上的方差得到。为了减少数据的计算量,可以通过减少数据的维数来实现。但是,如果放弃 x_1 和 x_2 中的任意一个变量而只考虑另一个,则会导致一个分量中的信息丢失,这并不能够达到理想的效果。

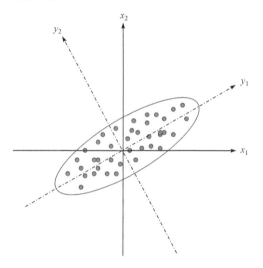

图 4.7　主元分析法几何示意图

为了解决这一问题,可以对 x_1 和 x_2 进行线性组合,从而得到新的变量。新的变量用 y_1 和 y_2 来表示。在几何上表示这种线性变化就是将原变量 x_1 和 x_2 所组成的坐标轴按逆时针的方向旋转角度 θ。这样得到了新的坐标系,坐标系的坐标轴分别为 y_1 和 y_2,式(4.9)为旋转公式。

$$
\begin{aligned}
y_{1j} &= x_{1j}\cos\theta + x_{2j}\sin\theta \\
y_{2j} &= x_{1j}(-\sin\theta) + x_{2j}\cos\theta \\
& j = 1,2,\cdots,n
\end{aligned}
\tag{4.9}
$$

将式(4.9)写成矩阵形式:

$$
Y = \begin{bmatrix} y_{11} & y_{12} & \cdots & y_{1n} \\ y_{21} & y_{22} & \cdots & y_{2n} \end{bmatrix} = \begin{bmatrix} \cos\theta & \sin\theta \\ -\sin\theta & \cos\theta \end{bmatrix} \cdot \begin{bmatrix} x_{11} & x_{12} & \cdots & x_{1n} \\ x_{21} & x_{22} & \cdots & x_{2n} \end{bmatrix} = U \cdot X
$$

$$
\tag{4.10}
$$

式中,U 为坐标的变换矩阵,要求 U 为正交矩阵,即满足 $U' = U^{-1}$,$UU' = I$,$\sin^2\theta + \cos^2\theta = 1$。

经过旋转变换之后的新坐标如图 4.8 所示。

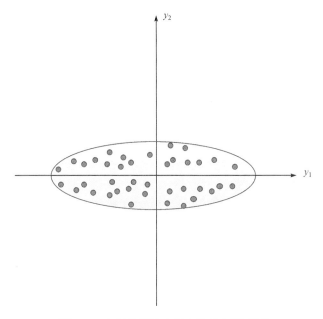

图 4.8 主元分析法坐标变换几何示意图

从图 4.8 可以看出,在新的坐标系下,y_1 和 y_2 的相关性几乎为零。样本数据点的差异主要体现在新变量 y_1 的方向上。基本达到了 85% 以上。这样就可以将新变量 y_2 舍弃掉。只对 y_1 和 y_2 进行考虑。这样达到了在保证足够信息量的条件下减少数据维数的目的。上述的 y_1 和 y_2 分别被称为第一主元和第二主元[18]。

2. 线性判别分析

LDA 方法的目的就是要寻找一个投影矩阵 W,将样本特征从原始的高维空间映射到低维空间。在投影以后,各类样本之间尽可能的分开一些,也就是说类间离散度越大越好,同时各类样本的内部尽量的密集起来,即类内离散度越小越好。在某种意义上,就是使得样本的类间离散度和类内离散度的比值最大,投影变换的矩阵表达式为

$$y = W^{\mathrm{T}} x \tag{4.11}$$

利用式(4.11)对原始样本 $x_1, x_2, \cdots, x_n$ 投影以后,可以得到新的样本 y_1, $y_2, \cdots, y_n$。得到的新的样本的类内离散度矩阵以及类间离散度矩阵分别为 $\hat{S}_w$ 和 $\hat{S}_b$,容易证明:

$$\hat{S}_w = W^{\mathrm{T}} S_w W \tag{4.12}$$

$$\hat{S}_b = W^{\mathrm{T}} S_b W \tag{4.13}$$

离散度的一种简单的标量度量是离散度矩阵的行列式的值。由于行列式的值等于矩阵特征值的乘积,也就是在各个主要分布方向上的方差的积。因此,行列式的值相当于类别离散度超椭球体的体积的平方。

可以定义准则函数如下:

$$J(W_{opt})=\frac{|W^T S_b W|}{|W^T S_w W|} \tag{4.14}$$

为了求出 $J(W_{opt})$ 取最大值时所对应的投影矩阵,通过数学变换可以得到 W_{opt} 就是满足如下等式的解:

$$S_b w_i = \lambda S_w w_i (i=1,2,\cdots,m) \tag{4.15}$$

式中,如果 S_w 非奇异,那么就是求 $S^{-1}S_b$ 的特征值的问题。由于 S_b 是 C 个秩为 1 或 0 的矩阵的和,所以其中只有 $C-1$ 个矩阵是相互独立的,所以 S_b 的秩为 $C-1$ 或更低。这样,非零的特征值至多只有 $C-1$ 个,所需求解的特征向量就对应这些非零的特征值。

当 S_w 奇异时,问题就会变得比较复杂。在实际的应用中,往往是将 LDA 方法进行变形并与其他方法结合使用,没有办法进行单独的应用。

最后,线性判别分析要求样本类内方差矩阵相同,这在实际问题中也无法保证。Loog 提出,解决这个问题的方法是从根本上修改 Fisher 准则,比如使用不同类别概率密度函数的 Chernoff 距离重新定义类间的样本距离与类内样本距离的比值[19],实验中发现使用 Chernoff 准则对于类方差不同的数据集确实具有更好的性能,但同时也提高了计算复杂度。

3. 独立成分分析

ICA 的提出是为了解决盲源分离[20](blind source separation,BSS)问题,它已经发展成为一种多维信号处理技术,在图像特征提取方面,它作为 PCA 的一种延伸,着眼于图像的高阶统计特性,使变换后的图像各分量之间相互独立,更有效地利用了图像的本质特征。

ICA 的基本原理为:

假设 $S=[s_1,s_2,\cdots,s_m]^T$ 为 m 个零均值的未知独立源信号,$X=[x_1,x_2,\cdots,x_n]^T$ 是由源信号线性混合构成的 n 个随机观测信号,则有

$$X=AS \tag{4.16}$$

即就是

$$x_i = \sum_{j=1}^{m} a_{ij}s_j \tag{4.17}$$

式中,$i=1,2,\cdots,n,j=1,2,\cdots,m,A=[a_1,a_2,\cdots,a_m]$ 为大小为 $n\times m$ 的满秩矩阵。

令 $Y=[y_1,y_2,\cdots,y_m]$ 是估计信号,则有

$$Y=WX=WAS \tag{4.18}$$

式中,W 称为解混矩阵,当 WA 为单位矩阵时,估计信号就为独立源信号,而且由于随机变量的非高斯性与统计独立密切相关,根据中心极限定理,当一组均值和方差相同的随机变量共同作用的结果必接近于高斯分布,即源信号的非高斯性比观测信号的非高斯性要强,因此当非高斯性达到最大时,估计信号越逼近与源信号。ICA 算法正是根据 X 的高阶统计特性以非高斯性最强时对应的解混矩阵作为 ICA 所寻找的投影方向,估算出独立源信号 S,实现独立源的分离,图 4.9 为 ICA 模型的简易图示。

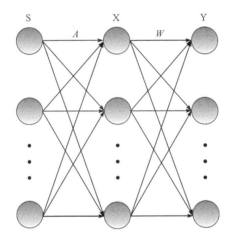

图 4.9　ICA 模型示意图

1) Infomax 算法

算法的思路:观测向量 X 是由 n 个独立源线性混合而成,对观测向量先通过线性变换求一个中间向量 $u=WX$ 是对真实源 s 的逼近。$g(\cdot)=(g_1(\cdot),g_2(\cdot),\cdots,g_n(\cdot))^{\mathrm{T}}$ 为可逆单调非线性函数,然后通过非线性变换 $Z_i=g_i(u_i)$ 求得输出向量 Z,根据互信息的性质可知:分量到分量的非线性映射 $g_i(u_i)$ 对互信息不产生任何影响,$I(Z)$ 的最小化也意味着 $I(u)$ 的最小化。于是针对 Z 建立一个目标函数,这里我们选择 Z 的熵作为目标函数,因为熵是一个随机量无序性的度量,如果 Z 的各分量统计独立性越高则相应 Z 的熵越大,所以只需求得使目标函数达到最大的 W 即求得了 ICA 的解。此思路是模仿单层前向神经网络,X 和 Z 分别作为网络的输入与输出,图 4.10 为 Infomax 算法框图。

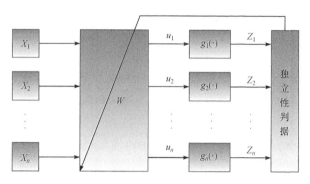

图 4.10　Infomax 算法框图

算法步骤：

(1) 给出初始值 $W_0 = W$(随机的)，观测向量 X；

(2) 对 X 进行白化处理；

(3) 计算 $u = WX$，η，$\varphi(u)$；

(4) 计算 $\Delta W = \eta(I - \varphi(u)u^{\mathrm{T}})W$；

(5) 计算 $W = W + \Delta W$。

重复(3)、(4)、(5)步直到收敛，得到 W 后，通过 $u = WX$ 得到独立。

2) 极大似然独立成分分析算法

极大似然估计可以解释为：采纳那些使观测向量具有最大概率的估计参数值。

假设 $\hat{p}_x(x)$ 是对观测向量 x 的概率密度 $p_x(x)$ 的估计，源信号的概率密度函数为 $p_s(s)$，根据线性变换下两个概率密度函数之间的关系，观测数据 x 的概率密度函数的估计 $\hat{p}_x(x)$ 与源信号概率密度函数 $p_s(s)$ 满足

$$\hat{p}_x(x) = \frac{p_s(A^{-1}x)}{|\det A|} \tag{4.19}$$

对于给定的模型，观测数据 x 的似然函数是模型参数 A 的函数，定义为

$$L(A) = E\{\log_2 \hat{p}_x(x)\} = \int p_x(x)\log_2 p_s(A^{-1}x)\mathrm{d}x - \log_2|\det A| \tag{4.20}$$

当模型参数为分离矩阵 $W = A^{-1}$ 时，对数似然函数为

$$L(W) \approx \frac{1}{T}\sum_{t=1}^{T}\{\log_2 p_s(Wx(t))\} + \log_2|\det W| \tag{4.21}$$

式中，T 为独立同分布观测数据的样本数，最大化此似然函数就可获得关于参数 W 的最优估计。

因为 FastICA 算法和其他的 ICA 算法相比具有收敛速度快、易于使用、能够通过选择适当的非线性函数实现最佳化以及减少计算量等诸多优点，所以着重研究 FastICA 算法在特征选择方向的应用[21]。

4.4　漏磁信号特征的辨识及提取

4.4.1　缺陷特征辨识

1. 仿真数据辨识

首先通过对不同尺寸的缺陷进行二维仿真,观察与分析仿真结果,通过改变缺陷的长度和深度,观察对比漏磁信号的变化规律,找到和尺寸相关的缺陷特征,然后对不同尺寸的缺陷进行三维仿真,观察与分析仿真结果,实现对缺陷特征的全面辨识工作。

2. 实测数据辨识

接下来利用环路试验平台进行信号采集工作(22 条管道的缺陷大小是已知的),以其中一条管道为例进行说明,表 4.1 中列出了该条管道所有缺陷的尺寸大小,图 4.11 为该条管道实测信号轴向分布图,图 4.12 为该条管道实测信号径向分布图。

表 4.1　实际管道缺陷尺寸列表

缺陷序号	缺陷长度/mm	缺陷宽度/mm	缺陷深度/mm
1	10	10	3
2	30	30	1
3	60	60	5
4	60	20	5
5	60	10	5
6	20	60	5
7	20	10	5
8	10	60	5
9	10	20	5
10	40	40	3
11	30	30	3
12	60	60	5
13	60	20	5
14	60	10	5
15	20	60	5
16	20	10	5
17	10	60	5
18	10	20	5

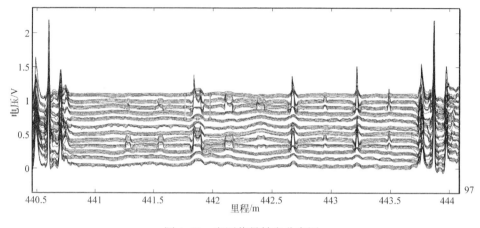

图 4.11　实测信号轴向分布图

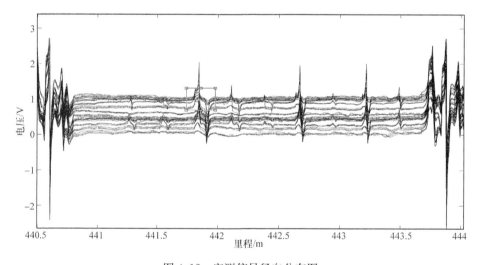

图 4.12　实测信号径向分布图

　　图 4.11 与图 4.12 中黑框圈定的为长 60、宽 60、深 5 的缺陷,该缺陷漏磁信号分布如图 4.13 所示。

　　为了明显区分不同长度缺陷漏磁信号的不同,又选取了一个长 20、宽 60、深 5 的缺陷与上一个缺陷进行对比,其漏磁信号分布如图 4.14 所示。

　　通过对比可以明显看出缺陷长度与信号轴向分量谷间距、径向分量峰谷间距等特征量有关系,接下来可以通过进一步探究找到与缺陷深、宽相关的特征量。

　　再对实际检测到的不同缺陷的漏磁数据以及图形变化进行对比与分析,从而找到和实际缺陷尺寸相关的特征量,将两者结合实现对缺陷特征的最终辨识工作。

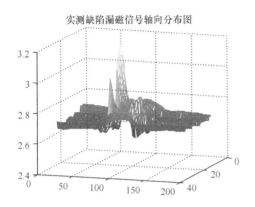
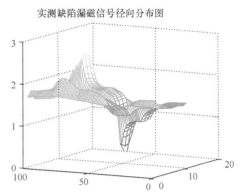

图 4.13　缺陷(长度 60mm)信号分布图

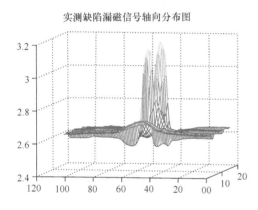
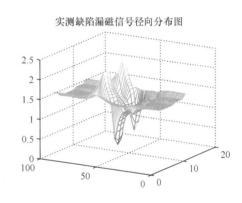

图 4.14　缺陷(长度 20mm)信号分布图

　　最终通过对比分析得到可能与缺陷尺寸相关的特征量主要有:轴向信号谷宽度、轴向信号峰峰间距、轴向信号峰谷平均差、轴向信号左峰谷差、轴向信号右峰谷差、轴向信号微分最值间距、轴向信号微分最值差值、轴向信号特殊点间距、轴向信号缺陷面积、轴向信号缺陷面能量、周向信号微分最值点间距、周向信号微分最值差值、周向信号特殊点间距、周向信号缺陷面积、周向信号缺陷面能量、缺陷体积以及缺陷体能量等与缺陷尺寸相关的特征量,为了更好地了解缺陷相关特征的含义,以图 4.15 中的几个特征量为例进行说明。

　　图 4.15(a)中 Y_{pp} 表示缺陷轴向信号的峰谷间距, X_{pp} 表示缺陷轴向信号的谷谷间距。由于缺陷漏磁信号受到内检测器检测环境等多种因素影响,数据的基准线波动较大,取缺陷数据的峰谷值作为特征量可以很好地消除信号基线的影响,可以提高缺陷定量分析的可靠性。缺陷的谷谷值能够反映出缺陷信号在轴向上的分布情况,异常数据的谷谷值与峰谷值的结合能够大致确定异常数据曲线的形状,有助于对缺陷长度和深度进行定量分析。

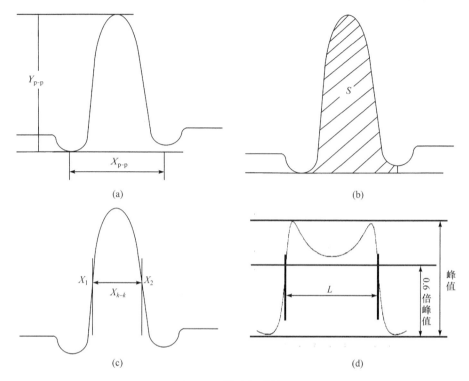

图 4.15　缺陷相关特征图

利用图 4.15(b)得到缺陷的面积与面能量。

1) 求取缺陷信号波形的面积

波形面积指在一个波动中曲线波动部分的面积,反映了信号的一阶中心矩。对于具体的缺陷漏磁数据,以数值较低的谷值点的纵坐标值为基线,取两个谷之间的数据曲线与基线之间覆盖的面积,如图 4.15(b)所示,用公式表示为

$$S_a = \sum_{t=1}^{N} \{x(t) - \min[x(t)]\} \tag{4.22}$$

式中,S_a 为缺陷波形面积;$x(t)$ 为异常数据点;$\min[x(t)]$ 为异常数据点最小值;N 为异常数据点个数。

缺陷异常漏磁信号波形的面积特征是一个综合量,异常数据波形面积既与异常数据的峰谷值有关又与异常数据的谷谷值有关,所以异常数据的面积这一特征同时受到缺陷的长和深多重的影响。因此,对于缺陷面积特征量的提取有很重要的意义。

2) 求取缺陷信号波形的面能量

异常数据曲线波形的能量相当于信号的短时二阶中心矩,反映了在一定空间内漏磁信号波动部分的能量或信号的离散程度,对于具体的缺陷漏磁数据,以数值较低的谷值点的纵坐标为基线,求取两个谷之间的数据曲线的能量,用公式表示为

$$S_e = \sum_{t=1}^{N} \{x(t) - \min[x(t)]\}^2 \tag{4.23}$$

式中，S_e 为缺陷波形面能量；$x(t)$ 为异常数据点；$\min[x(t)]$ 为异常数据点最小值；N 为异常数据点个数。

缺陷异常漏磁检测数据的能量与面积类似，主要受缺陷的长度和深度的综合影响。对于反映缺陷的形状具有重要意义。

图 4.15(c) 中 X_{k-k} 表示轴向信号微分最值间距即拐点间距。在理论上，通过求取轴向数据的一阶导数极值点，即二阶导数零点即可求得轴向信号的拐点。图 4.15(c) 中 X_1、X_2 满足如下关系式：

$$\frac{\mathrm{d}^2 H_A(x)}{\mathrm{d}x^2}\bigg|_{x=x_1} = 0, \quad \frac{\mathrm{d}^2 H_A(x)}{\mathrm{d}x^2}\bigg|_{x=x_2} = 0 \tag{4.24}$$

横向间距 $X_{k-k} = X_2 - X_1$ 即为轴向信号 $H_A(x)$ 的拐点间距，即轴向信号 $H_A(x)$ 的二阶导数等于零的点的横向间距即可作为求解缺陷长度的一个关键的特征量。

但是考虑到轴向信号的二阶导数等于零的点在实际采集回来的信号中畸变比较严重，所以不适合直接应用到实际当中。理论和实践表明：二阶导数等于零的点近似位于 0.6 倍峰值所在的位置，所以可以采用两个 0.6 倍峰值点之间的横向距离代替两个二阶导数等于零的点的横向距离，如图 4.15(d) 所示，图中 L 即为轴向信号在实际应用当中用于求解缺陷长度的特征量。

4.4.2　缺陷特征提取

1. 特征提取算法的研究

在完成对缺陷特征的辨识工作后，接下来实现对缺陷特征的相关提取工作，利用 MATLAB 软件操作平台，基于小波变化、经典模态分解（EMD）[22] 等常用特征提取方法设计新的算法实现对异常数据的特征提取，特征提取的算法流程如图 4.16 所示。

特征提取的基本步骤如下：

(1) 载入缺陷数据并进行插值处理，由 72 通道插值到 228 通道。

(2) 求解所有轴向信号的最大值与最小值的差值，差值最大的通道即为缺陷轴向信号的最大通道。

(3) 采用经典模态分解法求出轴向最大通道信号的所有极值点，根据信号极值点找到缺陷轴向信号数据峰谷位置及值，并计算与两谷相关的特征量。

(4) 把最大峰值和左谷求差作为阈值，在左谷与最大峰之间寻找大于阈值的可疑点，如果没有，则说明不存在，若有，就进一步分析可疑点，确定实际左峰的峰值及位置，同理，将最大峰值与右谷求差作为新的阈值，判断是否存在右峰。

(5) 若以上判断均不存在，说明缺陷信号为单峰信号，若存在，说明信号为双

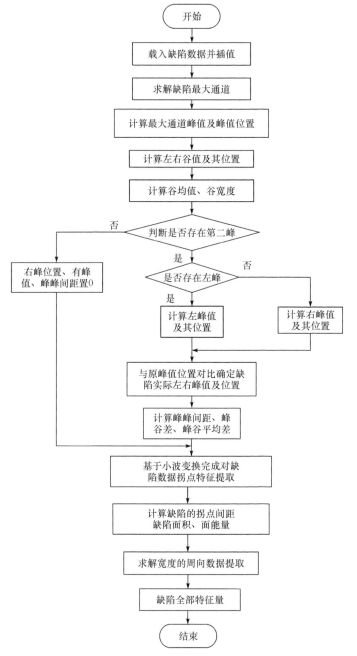

图 4.16　特征提取算法流程图

峰信号,通过对比两峰位置确定正确的左右峰值及左右峰位置,然后求解和峰值相关的特征量。

（6）基于小波变换求解缺陷信号的拐点，并提取相关的特征。

利用小波变换的方法对缺陷漏磁最大通道信号进行拐点检测，小波变换的基小波为"墨西哥帽"小波，以单峰信号为例对拐点检测的原理进行说明，图 4.17 为该单峰信号图及单峰信号的拐点检测图。

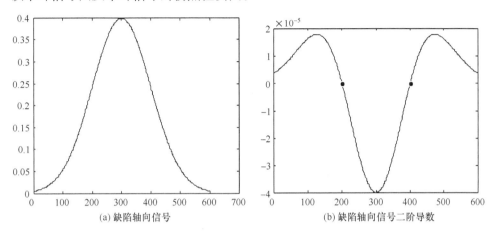

(a) 缺陷轴向信号　　　　　　　(b) 缺陷轴向信号二阶导数

图 4.17　缺陷轴向信号拐点检测图

图 4.17(b)中圆点标记处即为缺陷信号的拐点，圆点所对应的横坐标位置就是缺陷信号拐点的横坐标位置。从图 4.17(b)可以看出，缺陷最大通道信号有两个拐点，拐点位置分别在横坐标 $x=200$ 和横坐标 $x=400$ 处，然后就要改变尺度，求解不同尺度下的以墨西哥帽小波为基小波的连续小波变换来求取轴向信号的拐点，并对检测的效果进行分析，以确定合适的小波变换尺度，然后在最合适的小波变换尺度下，能够较好地找到被分析信号的拐点位置。

（7）在准确确定峰谷值及峰谷位置和拐点位置后，求取与最大通道相关的特征量，如拐点间距、缺陷面积、面能量等特征量，此外还要找到最大通道上的特殊点，通过设置求长的比例 m_RateA，根据 $X+(Y-X)*$ m_RateA 求出阈值，其中 X 为谷值平均值，Y 为最大峰值，找到轴向最大通道曲线上和阈值最接近的两个特殊点，特殊点的间距为求缺陷长度的关键特征量。

（8）提取求解缺陷宽度特征的周向数据，利用周向数据求取与宽度相关的特征，如周向信号微分最值点间距、周向信号特殊点间距、周向信号缺陷面积、周向信号缺陷面能量等特征量。

（9）在周向特征量求解的基础上完成缺陷体积及体能量的计算，图 4.18 为求解缺陷体积及体能量的流程图。

图 4.18 中星号位置为周向数据中特殊点的位置，在下面的分析中会有具体的介绍。找到星号位置所对应的实际通道，利用实际通道来限定求解体积和体能量所需要的轴向信号，并将这部分轴向信号提取出来求解缺陷的体积和体能量。

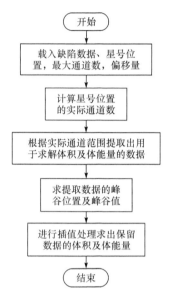

图 4.18　体积及体能量求解流程图

利用该特征算法实现对缺陷的特征提取工作。

2. 特征提取算法的应用

利用特征提取算法对图 4.15 和图 4.16 中的缺陷进行特征提取处理可以得到结果如图 4.19 和图 4.20 所示。

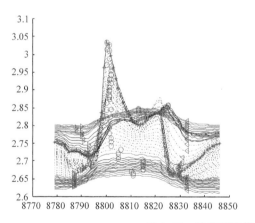
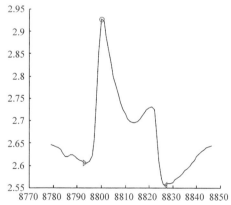

图 4.19　缺陷双峰信号特征提取结果图

从图 4.19、图 4.20 中可以看出,特征提取算法可以成功实现对缺陷数据的特征提取操作,从而可以得到缺陷特征量,除了对算法进行初步的测试以外,还将这些算法应用到了环路试验、海试采集数据的处理与分析中。

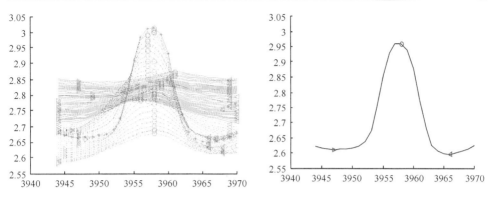

图 4.20　缺陷单峰信号特征提取结果图

1) 特征提取算法在环路试验中的应用

以环路试验中的一条管道(管道缺陷尺寸已知)的采集信号为例进行说明,如图 4.21 所示。

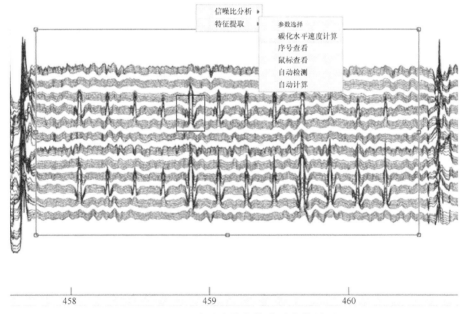

图 4.21　环路试验单条管道采集信号图

首先对整个管道进行磁化水平和速度的计算,并进行基值的调整,让整根管道处于同一基值水平下,然后在对其中的缺陷进行特征提取的操作,以图 4.21 中被圈中的缺陷为例进行说明,利用特征提取算法对该缺陷进行分析与处理可以得到结果如图 4.22 所示。

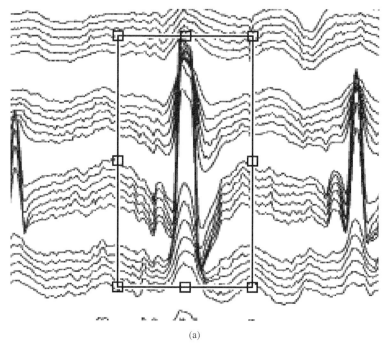

(a)

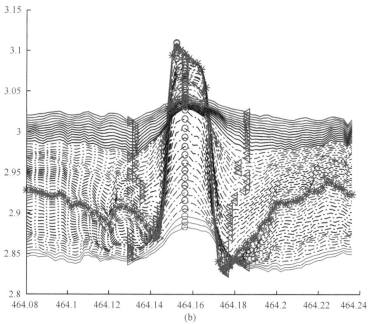

(b)

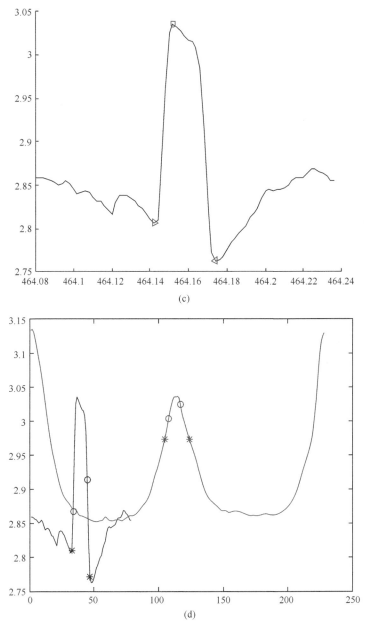

图 4.22　环路试验缺陷数据特征提取结果图

图 4.22(a)为图 4.21 中被圈中的缺陷信号图,将这个缺陷的数据加载到特征提取算法后可以得到图 4.22(b)、图 4.22(c)、图 4.22(d)三幅结果图,其中图 4.22(b)为缺陷数据插值处理之后得到的信号分布图,通过计算图 4.22(b)中所有曲线

的峰谷差进行对比分析找到轴向信号的最大通道如图 4.22(c)所示,图 4.22(d)为最大通道信号以及提取出来用于求解缺陷宽度的周向信号,与图 4.22(a)中缺陷相关的特征量是根据图 4.22(b)、图 4.22(c)和图 4.22(d)这三幅图得到的。

所以从图 4.22 中可以看出,特征提取算法成功实现对环路试验中采集到的缺陷数据的特征提取操作。

2) 特征提取算法在海试试验中的应用

图 4.23 为海试中采集到的其中一条管道的信号图,为了更清晰地看到海试采集到的管道漏磁信号分布图,对图 4.23 进行放大处理得到图 4.24。

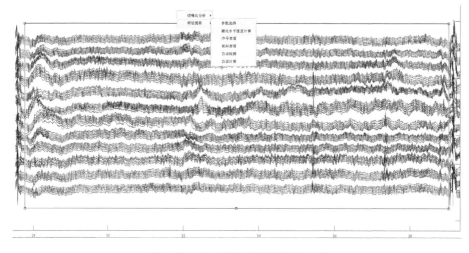

图 4.23　海试单条管道采集信号图

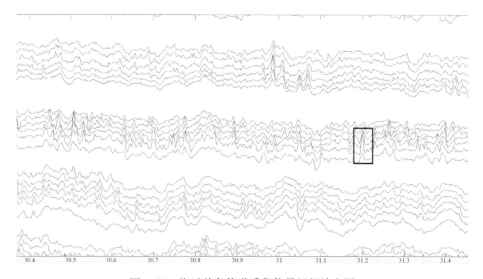

图 4.24　海试单条管道采集信号局部放大图

对图 4.24 中被圈中的缺陷进行特征提取得到结果如图 4.25 所示。

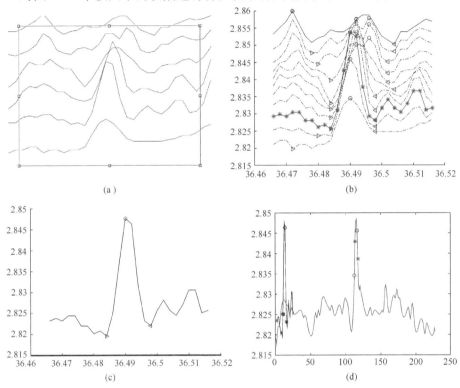

图 4.25　海试缺陷数据特征提取结果图

与特征提取算法在环路试验中的应用相同,从图 4.25 中可以看出特征提取算法成功实现对海上试验中采集到的缺陷数据的特征提取操作。

3) 初始特征提取算法的优点和缺点

目前的特征提取算法虽然在环路试验以及海试试验中有不错的应用效果,但是通过对比环路试验中管道实际缺陷尺寸与算法计算尺寸可以发现缺陷宽度求解不够理想,尤其是对于非标准缺陷,有些偏差较大,表 4.2 为抽取出来的一部分环路缺陷的实际宽度与利用特征提取算法计算出来的宽度特征求解的计算宽度的对比表格。

表 4.2　缺陷实际宽度与计算宽度对比表

管线号 (环路试验管道号)	缺陷号 (每条管道的缺陷序号)	缺陷类型 (标准/非标准)	缺陷实际 宽度/mm	计算的缺 陷宽度/mm
2	1	标准	10	16
3	6	标准	20	24.01

管线号 （环路试验管道号）	缺陷号 （每条管道的缺陷序号）	缺陷类型 （标准/非标准）	缺陷实际 宽度/mm	计算的缺 陷宽度/mm
2	12	标准	40	32.01
3	11	标准	60	40.01
29	3	非标准	2	18.6731
29	5	非标准	4	18.673
29	10	非标准	6	26.675
29	14	非标准	8	26.675
5	18	非标准	10	26.675
5	19	非标准	10	29.343
6	11	非标准	10	34.678
6	12	非标准	10	40.013
6	14	非标准	20	32.011
6	15	非标准	20	29.343
30	3	非标准	20	21.340
30	4	非标准	20	21.340
30	5	非标准	30	26.675
30	6	非标准	30	26.675
30	13	非标准	30	24.008
30	15	非标准	40	21.340
30	16	非标准	40	26.675
28	4	非标准	60	34.678
28	8	非标准	60	56.019

通过观察表4.2,对比分析表4.2中缺陷的实际宽度与计算宽度可以看出,特征提取算法在缺陷宽度特征提取这一方面还存在一些问题,为了改善这种情况,需要对特征提取算法中求解宽度特征量部分进行改进。

3. 解决影响宽度特征的因素

在之前分析环路试验得到的缺陷数据时,发现缺陷宽度求解不够理想,尤其是对于非标准缺陷,有些偏差较大。造成这种现象主要有两个原因:一是管道漏磁检测装置采集到的信号本身存在外部因素的影响,如管道基值不统一;另一个原因就是特征提取算法中求解宽度特征部分算法不够完善,造成宽度相关特征的提取不够准确。

为了获得更准确地进行特征提取的数据需要对每条管道数据都调整基值,让每条管道在一个基值水平下进行计算与分析会更加准确。

但是当管道因为管壁厚度等原因造成采集到的漏磁信号出现如图 4.26 所示的波动时,就需要对基值分开计算。

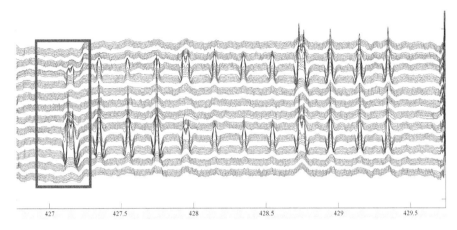

图 4.26　受管壁厚度等因素影响的管道漏磁信号分布图

如图 4.26 所示,计算该条管道的基值时不能对整条管道进行统一的基值运算,而是要对被框圈中的部分数据单独计算其基值,并利用这个基值处理分析框中圈中的两个缺陷,对其进行特征提取等操作,对管道剩余数据进行统一的基值运算,然后利用新的基值对剩下的缺陷进行特征提取的操作,这样操作的目的就是要尽量减小外部数据因素的干扰。

找到准确求解缺陷宽度特征的方法,不仅可以得到未知缺陷的准确宽度尺寸,而且对于提高求解周向数据面能量的准确度有很大的帮助,得到更加准确的缺陷特征量,为了改善特征提取算法,对其中求解宽度特征的部分进行修改,提出了三种新的求解宽度特征的算法。

1) 轴向数据差值求解法

第一种方法为轴向数据差值求解法,图 4.27 为轴向数据差值求解法的流程图。

轴向数据差值法求解缺陷宽度特征的基本步骤为:

(1) 载入轴向缺陷数据并进行插值处理,由 72 通道插值到 228 通道。

(2) 利用缺陷轴向位置限定轴向数据的范围如图 4.28(a),求这部分数据中每条通道最大值与最小值的差值得到求解宽度特征的周向数据(228 个数据),如图 4.28(b)所示。

(3) 找到缺陷通道范围内周向数据所对应的最大值所在的通道,利用该通道对周向数据进行居中处理,可以更清晰地看出缺陷所对应部分的周向曲线,如

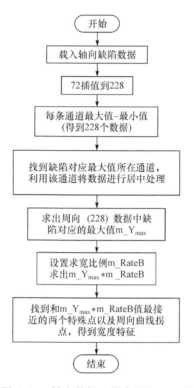

图 4.27　轴向数据差值求解法流程图

图 4.28 所示,其中图 4.28(c)中虚线即为图 4.28(a)中缺陷 A 所对应的周向曲线分布图,图 4.28(d)中虚线即为图 4.28(a)中缺陷 B 所对应的周向曲线分布图。

　　(4)求出周向数据中缺陷所对应区间内的最大值 m_Y_{max},并设置求宽度特征的比例 m_RateB,求出 $m\_Y_{max} * m\_RateB$ 的值,找到周向曲线中和 $m\_Y_{max} * m\_RateB$ 最接近的两个特殊点,图 4.28(c)和图 4.28(d)中周向曲线分布图上的星号即为求得的特殊点,接下来求周向分布信号的拐点,周向曲线中圆圈及为求得的拐点,根据这些点求得和缺陷宽度相关的全部特征量。

　　2)轴向数据最值求解法
　　第二种方法为轴向数据最值求解法,图 4.29 为轴向数据最值求解法的流程图,轴向数据最值法求解缺陷宽度特征的基本步骤为:
　　(1)载入轴向缺陷数据并进行插值处理,由 72 通道插值到 228 通道。
　　(2)利用缺陷所在的通道范围内每条通道最大值所在位置对应的 228 个数据提取出来作为宽度特征求解的周向数据(把最大值位置相同的数据进行合并去除处理)。

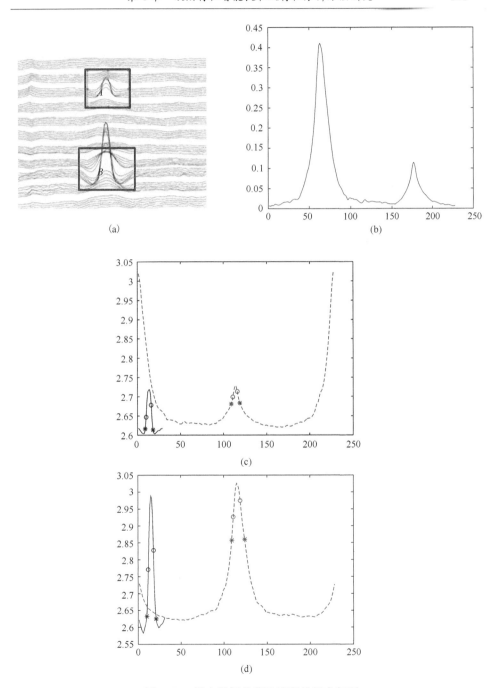

图 4.28　轴向数据差值法宽度特征求解图

（3）找到缺陷通道范围内每条周向曲线最大值所在通道,利用该通道将所有数据进行居中处理。

（4）求出所有周向曲线中缺陷对应部分的最大值 m_Y_{max}2 和中值 m_Min2，并将峰值最大的曲线 m_aHsd 提取出来,设置 m_RateB,求出每条周向曲线阈值,其中每条周向曲线的阈值 m_Y2＝m_Min2＋(m_Y_{max}2－m_Min2) * m_RateB。

（5）找到和阈值 m_Y2 最接近所有的点,取所有点中的最左点和最右点,得到的两点即为周向曲线的特殊点,并将得到的两点映射到 m_aHsd 曲线上用于求解面积积分等特征。

（6）根据得到的特殊点以及 m_aHsd 曲线上的拐点计算得到与缺陷宽度相关的其他特征量。

图 4.29　轴向数据最值求解法流程图

图 4.30 即为对缺陷数据进行算法处理后得到的曲线分布图,图 4.30 中带拐点的周向曲线即为峰值最大的周向曲线,利用该曲线、特殊点(星号)以及曲线上的拐点求得与缺陷宽度相关的特征量。

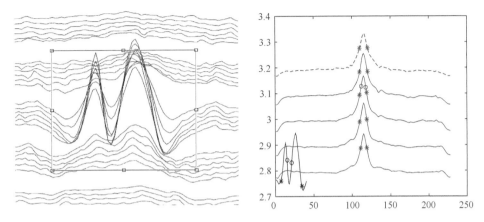

图 4.30　轴向数据最值法宽度特征求解图

通过实际操作和对比分析可知,第二种方法的计算效果相对较好、精度较高,所以选择第二种方法作为求解缺陷宽度特征的算法,并将这种算法引入到特征提取算法中,实现对特征提取算法的改进工作。

3）径向数据差值求解法

第三种方法为径向数据差值求解法,图 4.31 该算法的流程图。

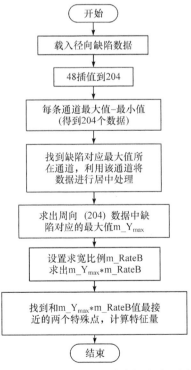

图 4.31　径向数据差值求解法流程图

这种方法的算法流程与第一种方法基本相同,只不过这种方法是对径向数据进行分析与计算,插值是将径向数据从 48 条通道插值到 204 条通道,剩下的操作与第一种方法相同。

4. 特征提取算法的进一步改进

在实际操作与应用中发现第二种方法存在一个问题,那就是计算结果很可能随着缺陷范围的改变而改变,从图 4.32 中可以看出,当加载进算法的缺陷数据范围发生改变时,得到同一个缺陷的周向数据也会发生改变,这造成了这种算法的不定性,对最后的特征计算会有一定的影响。

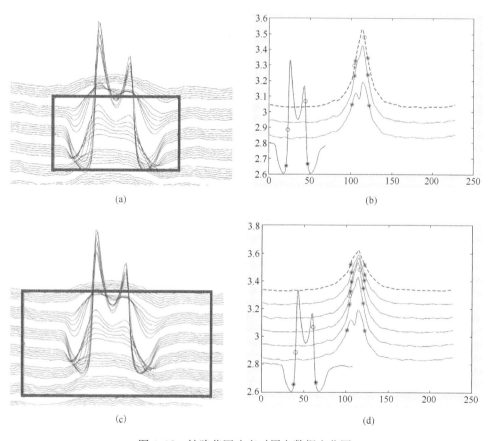

图 4.32　缺陷范围改变时周向数据变化图

为了解决上述问题,需要对新的宽度特征提取算法进行进一步的改进与修正,主要通过以下几步操作来实现。

第一步:通过设置阈值来缩小缺陷范围。

利用缺陷起始通道与缺陷终止通道的平均标准差再加上固定阈值(该阈值是

根据实际测试得到)作为缩小缺陷范围的阈值,利用该阈值缩小缺陷的范围,只保留缺陷信号波动相对较大部分数据进行下一步的操作。

第二步:设置轴向数据保留比例进一步缩小缺陷数据。

将轴向数据保留比例根据需要进行设置,过滤掉信号波动较小的部分数据后,将保存下来的数据用于周向数据的提取操作。

第三步:在缩小后的缺陷数据的基础上进行周向数据的提取,并通过设置周向数据的保存比例缩小周向数据的偏差量从而增加宽度求解算法的准确性。

通过以上三步的操作之后可以在很大程度上改善宽度求解算法的不定性,从而完成对特征提取算法的改进工作。

4.5 缺陷特征的 PCA 分析

在对实际问题进行试验和研究的过程中,为了能够全面准确的反映出事物的特征和事物发展的规律,往往需要同时对和事物有关的多个属性或变量进行考虑。尽可能多地考虑有关事物的多项数据指标,能够避免遗漏重要的信息。但对事物指标或者属性过多的考虑会导致数据量大幅增加,从而增加了计算量和计算的复杂性。

在特征提取中就存在这一矛盾,提取的特征量越多则能还原缺陷的准确度越高,但是相应的计算量也就越大,这二者是对实际问题进行研究中不可避免的一对矛盾。同时不同的特征量在反应缺陷的尺寸上也会有重叠的现象,也就是说同一个特征可能和缺陷的长度和宽度都相关,这是因为这一特征是同时受多种因素影响的,所以要对原有的特征量进行改造,新的变量互不相关,利用改造后的特征来解决问题。

为了解决上述矛盾,实现对缺陷特征的简化,最终选择主元分析法(PCA)对选择的特征进行进一步的分析[23],对缺陷相关特征进行主元分析,找到和缺陷尺寸关系最大的缺陷特征,即主元特征,这些特征既能够实现对原来特征的简化,实现降维的操作,同时又能尽可能的反映原特征所能表达的信息[24,25],也就是实现利用尽可能少的变量来表达尽可能多的信息的操作。

4.5.1 缺陷相关特征的选择

管道缺陷异常数据的特征主要取决于缺陷的形状,即缺陷的长、宽、深。缺陷长、宽、深等的不同导致了漏磁检测数据的不同。但是由于缺陷形状变化引起的缺陷异常数据特征的变化较为复杂,能够被影响的特征量较多。为了能够了解缺陷形状变化引起异常数据特征变化的规律,要分析缺陷形状的长、宽或深单独发生变化时,异常数据特征变化的情况。

利用完成的特征提取算法对缺陷数据进行特征提取,可以得到一系列求解缺陷尺寸所需要的特征量,对提取出来的特征进行选择,找到和缺陷长、宽、深分别相关的缺陷特征量,为了对缺陷特征进行进一步的特征分析做好准备。

1. 缺陷长度相关特征选择

为了找到和缺陷长度相关的全部特征量,利用环路试验的检测数据,对一组宽度、深度相同,长度分别为 10mm、20mm、40mm、60mm 的缺陷进行特征提取操作得到表 4.3,根据表 4.3 来分析在缺陷长度单一变化的情况下缺陷数据特征量受影响的情况。

表 4.3　缺陷长度与缺陷特征量的关系(宽 20、深 3)

缺陷长度/mm	10	20	40	60
轴向谷宽度	13	16	25	35
轴向峰峰间距	0	5	17	27
轴向左峰谷差	0.361	0.304	0.269	0.241
轴向右峰谷差	0.351	0.291	0.234	0.211
轴向峰谷平均差	0.356	0.298	0.252	0.226
轴向拐点间距	5	10	20	30
轴向拐点差值	0.237	0.238	0.229	0.192
轴向特殊点间距	4	9	20	29
轴向缺陷面积(谷)	1.879	3.072	3.925	4.527
轴向缺陷面能量(谷)	0.512	0.606	0.736	0.801
轴向缺陷面积(特殊点)	0.272	0.398	0.428	−1.174
轴向面能量(特殊点)	0.025	0.022	0.053	0.097
周向拐点间距	29.935	13.736	19.018	24.771
周向拐点差值	0.063	0.053	0.043	0.034
周向特殊点间距	10	9	7	10
周向缺陷面积	0.563	0.403	0.210	0.323
周向缺陷面能量	0.039	0.024	0.008	0.013
缺陷体积	19.487	27.297	28.449	45.743
缺陷体能量	4.739	6.227	4.769	6.292

通过对比分析表格 4.3 中缺陷特征量随着缺陷长度的变化规律可以看出和缺陷长度相关特征量主要有:轴向谷宽度、轴向峰峰间距、轴向拐点间距、轴向特殊点间距、轴向缺陷面积(谷)和轴向缺陷面能量(谷)共 6 个特征量,在进行特征分析时可以主要考虑以上几个特征量。

2. 缺陷宽度相关特征选择

为了找到和缺陷宽度相关的全部特征量,对一组长度、深度相同,宽度分别为 10mm、20mm、40mm、60mm 的缺陷进行特征提取操作得到表 4.4,根据表 4.4 来分析在缺陷在宽度单一变化的情况下缺陷数据特征量受影响的情况。

表 4.4　缺陷宽度与缺陷特征量的关系(长 20、深 3)

缺陷宽度/mm	10	20	40	60
轴向谷宽度	14	16	18	18
轴向峰峰间距	7	5	0	0
轴向左峰谷差	0.222	0.304	0.446	0.555
轴向右峰谷差	0.193	0.291	0.486	0.572
轴向峰谷平均差	0.208	0.298	0.466	0.564
轴向拐点间距	11	10	11	11
轴向拐点差值	0.208	0.238	0.338	0.407
轴向特殊点间距	10	9	9	10
轴向缺陷面积(谷)	1.988	3.072	4.681	5.898
轴向缺陷面能量(谷)	0.360	0.606	1.817	2.844
轴向缺陷面积(特殊点)	0.633	0.398	0.599	1.589
轴向面能量(特殊点)	0.047	0.022	0.050	0.285
周向拐点间距	13.500	13.736	24.653	28.060
周向拐点差值	0.057	0.053	0.067	0.053
周向特殊点间距	5	9	14	22
周向缺陷面积	0.139	0.403	0.904	1.723
周向缺陷面能量	0.005	0.024	0.076	0.161
缺陷体积	10.522	27.297	63.874	121.508
缺陷体能量	1.656	6.227	21.854	50.886

通过对比分析表格 4.4 中缺陷特征量随着缺陷宽度的变化规律可以看出和缺陷宽度相关特征量主要有:轴向峰谷平均差、轴向缺陷面积(谷)、轴向缺陷面能量(谷)、周向特殊点间距、周向缺陷面积、周向缺陷面能量、缺陷体积和缺陷体能量共 8 个特征量,需要对这 8 个特征量进行进一步的分析,找到和缺陷宽度相关性强的特征。

3. 缺陷深度相关特征选择

为了找到和缺陷深度相关的全部特征量,对一组长度、宽度相同,深度分别为

1mm、3mm、5mm、7mm 的缺陷进行特征提取操作得到表 4.5,根据表 4.5 来分析在缺陷在深度单一变化的情况下缺陷数据特征量受影响的情况。

表 4.5　缺陷深度与缺陷特征量的关系(长 20、宽 20)

缺陷深度/mm	1	3	5	7
轴向谷宽度	15	16	17	19
轴向峰峰间距	5	5	6	6
轴向左峰谷差	0.072	0.304	0.514	0.650
轴向右峰谷差	0.072	0.291	0.488	0.624
轴向峰谷平均差	0.072	0.298	0.501	0.637
轴向拐点间距	10	10	11	11
轴向拐点差值	0.057	0.238	0.377	0.464
轴向特殊点间距	9	9	10	10
轴向缺陷面积(谷)	0.721	3.072	5.374	6.972
轴向缺陷面能量(谷)	0.046	0.606	2.348	3.875
轴向缺陷面积(特殊点)	0.133	0.398	1.236	1.627
轴向面能量(特殊点)	0.002	0.022	0.182	0.296
周向拐点间距	29.818	13.736	19.018	19.371
周向拐点差值	0.009	0.053	0.105	0.092
周向特殊点间距	13	9	11	11
周向缺陷面积	0.159	0.403	1.218	1.204
周向缺陷面能量	0.002	0.024	0.174	0.173
缺陷体积	9.015	27.297	57.611	76.939
缺陷体能量	0.496	6.227	21.296	36.377

　　通过对比分析表格 4.5 中缺陷特征量随着缺陷深度的变化规律可以看出和缺陷深度相关特征量主要有:轴向峰谷平均差、轴向拐点差值、轴向缺陷面积(谷)、轴向缺陷面能量(谷)、轴向缺陷面积(特殊点)、轴向面能量(特殊点)、缺陷体积和缺陷体能量共 8 个特征量,需要对这 8 个特征量进行进一步的分析,找到和缺陷深度相关性强的特征。

4.5.2　PCA 分析的原理模型

　　对缺陷特征进行主元分析,需要根据原始样本的特征,求出主成分系数,从而得到主成分的模型,推导出主成分所要解决的基本问题[26,27]。

　　(1)根据主元分析法的模型条件,主成分之间需要相关性为零,因此变换之后得到的主成分之间的协方差矩阵应该为对角阵,即对于主成分

$$F = AX \tag{4.25}$$

其协方差矩阵应该为

$$\mathrm{Var}(F) = \mathrm{Var}(AX) = (AX) \cdot (AX)' = AXX'A'$$

$$= \Lambda = \begin{bmatrix} \lambda_1 & & & \\ & \lambda_2 & & \\ & & \ddots & \\ & & & \lambda_p \end{bmatrix} \tag{4.26}$$

（2）设样本的原始数据的协方差矩阵为 V，对原始数据进行标准化处理，则处理后的原始数据的协方差矩阵等于相关矩阵，即有

$$V = R = XX' \tag{4.27}$$

（3）由主成分数学模型条件和正交矩阵的性质能够推断出最好求得的 A 为正交矩阵，即满足

$$AA' = I \tag{4.28}$$

将原始的样本数据的协方差代入主成分协方差公式得

$$\mathrm{Var}(F) = AXX'A' = ARA' = \Lambda \tag{4.29}$$

$$ARA' = \Lambda \tag{4.30}$$

$$RA' = A'\Lambda \tag{4.31}$$

展开上式得

$$\begin{bmatrix} r_{11} & r_{12} & \cdots & r_{1p} \\ r_{21} & r_{22} & \cdots & r_{2p} \\ \vdots & \vdots & & \vdots \\ r_{p1} & r_{p2} & \cdots & r_{pp} \end{bmatrix} \cdot \begin{bmatrix} a_{11} & a_{12} & \cdots & a_{1p} \\ a_{21} & a_{22} & \cdots & a_{2p} \\ \vdots & \vdots & & \vdots \\ a_{p1} & a_{p2} & \cdots & a_{pp} \end{bmatrix}$$

$$= \begin{bmatrix} a_{11} & a_{12} & \cdots & a_{1p} \\ a_{21} & a_{22} & \cdots & a_{2p} \\ \vdots & \vdots & & \vdots \\ a_{p1} & a_{p2} & \cdots & a_{pp} \end{bmatrix} \cdot \begin{bmatrix} \lambda_1 & & & \\ & \lambda_2 & & \\ & & \ddots & \\ & & & \lambda_p \end{bmatrix} \tag{4.32}$$

对等式进行展开，根据矩阵相等的性质，等式左右所得矩阵的第 1 列列出等式为

$$\begin{cases} (r_{11} - \lambda_1)a_{11} + r_{12}a_{12} + \cdots + r_{1p}a_{1p} = 0 \\ r_{21}a_{11} + (r_{22} - \lambda_1)a_{12} + \cdots + r_{2p}a_{1p} = 0 \\ \quad\quad \cdots \\ r_{p1}a_{11} + r_{p2}a_{12} + \cdots + (r_{pp} - \lambda_1)a_{1p} = 0 \end{cases} \tag{4.33}$$

为了得到上述齐次方程的解，根据矩阵求解的方法，要求其系数矩阵行列式为 0，即

$$\begin{vmatrix} r_{11}-\lambda_1 & r_{12} & \cdots & r_{1p} \\ r_{21} & r_{22}-\lambda_1 & \cdots & r_{2p} \\ \vdots & \vdots & & \vdots \\ r_{p1} & r_{p2} & \cdots & r_{pp}-\lambda_1 \end{vmatrix}=0 \tag{4.34}$$

$$|R-\lambda_1 I|=0 \tag{4.35}$$

显然，λ_1 是相关系数矩阵的特征值，$a_1=(a_{11},a_{12},\cdots,a_{1p})$ 是相应的特征向量。

同理，根据第 2 列、第 3 列等也可以得到类似的齐次方程，由上述原理可知，λ_i 为特征方程的特征值，a_i 是其特征向量的分量。

（4）由主元分析法得到的主成分的方差是依次递减的，下面对主元分析法得到的新的变量的这一特点进行证明。

设相关系数矩阵 R 的 p 个特征值分别为 $\lambda_1 \geqslant \lambda_2 \geqslant \cdots \geqslant \lambda_p$，相应的特征向量为 a_j。

$$A=\begin{bmatrix} a_{11} & a_{12} & \cdots & a_{1p} \\ a_{21} & a_{22} & \cdots & a_{2p} \\ \vdots & \vdots & & \vdots \\ a_{p1} & a_{p2} & \cdots & a_{pp} \end{bmatrix}=\begin{bmatrix} a_1 \\ a_2 \\ \vdots \\ a_p \end{bmatrix} \tag{4.36}$$

主元 F_1 的方差为

$$\mathrm{var}(F_1)=a_1 XX'a_1'=a_1 Ra_1'=\lambda_1 \tag{4.37}$$

同样有：$\mathrm{var}(F_i)=\lambda_i$，即主成分的方差是依次递减的，并且各主成分之间的协方差为

$$\mathrm{cov}(a_i'X',a_j X)=a_i'Ra_j=a_i'\left(\sum_{a=1}^{p}\lambda_a a_a a_a'\right)a=\sum_{a=1}^{p}\lambda_a(a_i'a_a)(a_a'a_j)=0, \quad i\neq j \tag{4.38}$$

根据上述分析证明，主元分析法中主成分的协方差矩阵应该是对角矩阵，对角矩阵对角线上的元素恰好是原始样本数据的相关矩阵的特征值。主成分系数矩阵 A 的元素是原始数据的相关性矩阵的特征值对应的特征向量。主成分系数矩阵 A 是一个正交矩阵。

综上所述，变量 $(x_1,x_2,\cdots,x_p)$ 经过变换后得到新的综合变量，见式（4.39）。

$$\begin{cases} F_1=a_{11}x_1+a_{12}x_2+\cdots+a_{1p}x_p \\ F_2=a_{21}x_1+a_{22}x_2+\cdots+a_{2p}x_p \\ \quad\cdots \\ F_p=a_{p1}x_1+a_{p2}x_2+\cdots+a_{pp}x_p \end{cases} \tag{4.39}$$

经过主元分析法变换后得到的新的变量互不相关，并且方差依次递减。

4.5.3　PCA 分析的计算步骤

假设样本观测数据的矩阵为

$$X = \begin{bmatrix} x_{11} & x_{12} & \cdots & x_{1p} \\ x_{21} & x_{22} & \cdots & x_{2p} \\ \vdots & \vdots & & \vdots \\ x_{p1} & x_{p2} & \cdots & x_{pp} \end{bmatrix} \tag{4.40}$$

(1) 对原始样本数据进行标准化处理

$$x_{ij}^* = \frac{x_{ij} - \overline{x}_j}{\sqrt{\mathrm{var}(x_j)}}, \quad i = 1, 2, \cdots, n, \quad j = 1, 2, \cdots, p \tag{4.41}$$

式中

$$\overline{x}_j = \frac{1}{n} \sum_{i=1}^{n} x_{ij} \tag{4.42}$$

$$\mathrm{var}(x_j) = \frac{1}{n-1} \sum_{i=1}^{n} (x_{ij} - \overline{x}_j)^2, \quad j = 1, 2, \cdots, p \tag{4.43}$$

(2) 计算样本数据的相关系数矩阵

$$R = \begin{bmatrix} r_{11} & r_{12} & \cdots & r_{1p} \\ r_{21} & r_{22} & \cdots & r_{2p} \\ \vdots & \vdots & & \vdots \\ r_{p1} & r_{p2} & \cdots & r_{pp} \end{bmatrix} \tag{4.44}$$

为方便计算,假定原始数据在标准化处理之后仍然可以用 X 来表示,则经过标准化处理后的数据的相关系数为

$$r_{ij} = \frac{1}{n-1} \sum_{t=1}^{n} x_{ti} x_{tj}, \quad i, j = 1, 2, \cdots, p \tag{4.45}$$

(3) 求取相关系数矩阵 R 的特征值 $(\lambda_1, \lambda_2, \cdots, \lambda_p)$ 和相应的特征向量 $a_i = (a_{i1}, a_{i2}, \cdots, a_{ip})$, $i = 1, 2, \cdots, p$。

(4) 选择出比较重要的主成分,主成分分析可以得到 p 个主成分,但是这 p 个主成分所包含的信息量是递减的,在实际进行数据分析时,不需要特别多的主成分,一般只需要根据各个主成分累计包含信息量的大小选取前 k 个主成分即可。各个主成分包含信息量的多少可以用贡献率来表示。贡献率是指主元分析后的某个主成分的方差占全部主成分的方差和的比重。贡献率 G 为

$$G = \frac{\lambda_i}{\sum\limits_{i=1}^{p} \lambda_i} \tag{4.46}$$

贡献率越大说明该主成分包含的原始样本数据信息越强。主成分个数 k 的选取取决于前 k 个主成分的累计贡献率。一般要求选取的主成分的累计贡献率在 85% 以上。这样选取的主成分能够包含原样本数据的足够多的信息[28-30]。

（5）将各个样本的标准化处理之后的原始数据分别代入主成分表达式中。可以得到各个样本在各主成分下的新数据。这些新数据被称为主成分得分。具体矩阵形式的表达式如下：

$$\text{score}=\begin{bmatrix} F_{11} & F_{12} & \cdots & F_{1k} \\ F_{21} & F_{22} & \cdots & F_{2k} \\ \vdots & \vdots & & \vdots \\ F_{p1} & F_{p2} & \cdots & F_{pp} \end{bmatrix} \tag{4.47}$$

4.5.4 缺陷尺寸相关特征分析

1. 缺陷长度相关特征分析

通过之前特征选择的结果可知,轴向谷宽度、轴向峰峰间距、轴向拐点间距、轴向特殊点间距、轴向缺陷面积(谷)和轴向缺陷面能量(谷)共六个特征量受缺陷长度影响比较大。以上 6 个缺陷数据特征量在物理意义上有一定联系,特征量之间存在一定的相关性。因此,利用主元分析法对以上 6 个特征量进行主元变换,得到少数的几个主成分。利用这少数的几个主成分来代替变换之前的 6 个受缺陷长度影响比较大的特征量,实现对数据维数的压缩,使数据计算更加简单方便。

选取长度为 10mm、20mm、40mm、60mm 的缺陷各 10 个,一共 40 个缺陷作为主元分析的样本,利用特征提取算法对这 40 个缺陷进行特征提取,选择所有缺陷的轴向谷宽度、轴向峰峰间距、轴向拐点间距、轴向特殊点间距、轴向缺陷面积(谷)和轴向缺陷面能量(谷)共 6 个特征量,将受缺陷长度影响比较大的这 6 个特征量作为主元分析的样本数据,得到表 4.6。

表 4.6 长度相关特征量样本(宽 20、深 3)

轴向谷宽度	轴向峰峰间距	轴向拐点间距	轴向特殊点间距	轴向缺陷面积(谷)	轴向缺陷面能量(谷)
16	0	7	5	0.695	0.055
13	0	4	7	0.278	0.013
10	0	3	8	0.250	0.011
14	0	3	7	0.320	0.016
13	0	3	8	0.311	0.016
13	0	5	4	1.879	0.512
11	0	5	8	0.916	0.142
10	0	5	8	0.770	0.103
10	0	5	6	0.770	0.103
10	0	4	7	0.759	0.103

续表

轴向谷宽度	轴向峰峰间距	轴向拐点间距	轴向特殊点间距	轴向缺陷面积(谷)	轴向缺陷面能量(谷)
19	5	11	10	0.956	0.069
13	4	5	9	0.204	0.006
14	3	5	9	0.306	0.012
13	0	4	9	0.351	0.016
16	5	10	9	3.072	0.806
13	0	8	11	1.441	0.234
12	2	7	10	1.262	0.186
12	0	7	10	1.262	0.186
12	4	7	10	1.319	0.208
12	0	7	10	1.319	0.208
28	16	21	20	3.222	0.456
22	0	10	17	1.260	0.110
21	14	11	17	1.440	0.145
21	13	11	18	1.440	0.145
21	0	11	18	1.226	0.111
25	17	20	20	3.925	0.736
20	13	14	17	1.571	0.165
17	3	7	16	1.215	0.140
17	0	7	17	1.215	0.140
21	0	10	19	1.432	0.138
38	27	31	30	3.286	0.347
31	15	20	31	1.460	0.101
32	13	6	28	1.916	0.169
35	27	30	29	4.527	0.691
32	16	5	25	1.321	0.103
30	16	5	24	1.055	0.081
34	14	16	31	3.196	0.307
35	28	30	30	3.567	0.501
32	17	7	29	2.056	0.311
31	18	21	31	1.656	0.178

利用主元分析法对表 4.6 中的 40 个实际缺陷的漏磁检测数据特征进行处理，得到相关系数矩阵，求解相关系数矩阵的特征值为

$\lambda_1 = 4.557$，$\lambda_2 = 1.009$，$\lambda_3 = 0.248$，$\lambda_4 = 0.127$，$\lambda_5 = 0.038$，$\lambda_6 = 0.022$

对应的 6 个特征向量见表 4.7。

表 4.7　主元分析后的特征向量

α_1	α_2	α_3	α_4	α_5	α_6
0.425	0.365	0.286	0.089	−0.750	−0.186
0.436	0.197	−0.083	−0.848	0.187	0.098
0.422	−0.064	−0.844	0.254	−0.034	−0.198
0.407	0.432	0.290	0.407	0.624	−0.095
0.426	−0.386	0.119	0.192	−0.073	0.783
0.323	−0.699	0.317	−0.070	0.089	−0.542

利用得到的 6 个特征值经过线性组合形成的主成分的贡献率（从大到小，贡献率累加至 95% 之后的维数不显示）如图 4.33 所示。

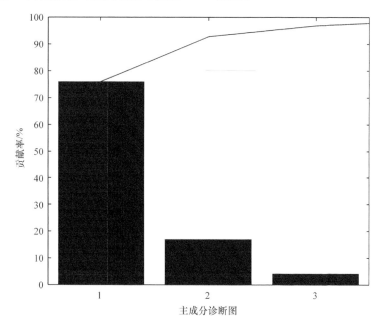

图 4.33　长度主成分贡献率分布图

根据图 4.33 可知，这 6 个从大到小排列的主成分的贡献率中前 3 个主成分的贡献率已经达到了 95%，所以完全可以选取前 3 个主成分代替原样本数据的 6 个特征量，将剩余主成分忽略，用这 3 个新的主成分来对缺陷长度进行评价，其中

式(4.48)、式(4.49)、式(4.50)即为 3 个新的主成分。

$$F_1 = 0.425X_{p-p} + 0.436Y_{p-p} + 0.422X_{k-k} + 0.407X_{s-s} + 0.426S_a + 0.323S_e$$
$$(4.48)$$

$$F_2 = 0.365X_{p-p} + 0.197Y_{p-p} - 0.064X_{k-k} + 0.432X_{s-s} - 0.386S_a - 0.699S_e$$
$$(4.49)$$

$$F_3 = 0.286X_{p-p} - 0.083Y_{p-p} - 0.844X_{k-k} + 0.290X_{s-s} + 0.119S_a + 0.317S_e$$
$$(4.50)$$

由以上各主成分的贡献率可知,第一主成分的贡献率远大于后面几个主成分,这里仅对第一主成分对于缺陷长度评价的作用进行分析。可以通过计算两个变量之间的相关系数来获得二者的相关程度。如果相关系数较大则说明二者相关程度较大。

式(4.51)为相关系数计算公式。

$$r = \frac{\sum_{i=1}^{n} (x_i - \bar{x})(y_i - \bar{y})}{\sqrt{\sum_{i=1}^{n} (x_i - \bar{x})^2 \cdot \sum_{i=1}^{n} (y_i - \bar{y})^2}}$$

$$= \frac{n\sum_{i=1}^{n} x_i y_i - \sum_{i=1}^{n} x_i \cdot \sum_{i=1}^{n} y_i}{\sqrt{n\sum_{i=1}^{n} x_i^2 - (\sum_{i=1}^{n} x_i)^2} \cdot \sqrt{n\sum_{i=1}^{n} y_i^2 - (\sum_{i=1}^{n} y_i)^2}} \quad (4.51)$$

式中,x_i 为异常数据特征量;y_i 为缺陷形状表示量。

根据主元分析法,利用变换之后的主成分来代替原样本数据的 6 个数据特征。第一主成分与缺陷长度二者的相关程度可以通过相关系数表现出来,利用式(4.51)计算得到缺陷长度和第一主成分的相关系数为 $r = 0.970$,由此可知经过主元分析法进行变换后得到的主成分与缺陷长度之间存在很大的相关性,可以将主元分析法处理之后得到的第一主成分作为缺陷长度评价中最重要的参数。

根据第一主成分变换公式中各个特征量的系数,可以知道对于第一主成分而言的各个异常数据特征的重要程度。对于第一主成分来说轴向谷宽度、轴向峰峰间距、轴向拐点间距、轴向特殊点间距、轴向缺陷面积(谷)的系数都比较大,也就是说,第一主成分对这 5 个特征的信息表达较多。由于第一主成分与缺陷长度相关性较大。因此可以得出结论,缺陷这 5 个特征量也就是对于缺陷长度的评价作用比较大的特征量。下面分别对这 5 个特征量和缺陷长度的相关程度进行分析,以验证这几个特征量对缺陷长度评价作用,同时,也可以评价出利用主元分析法对特征进行处理是否具有良好的效果。

利用式(4.51)对缺陷长度和这 5 个特征量分别进行相关系数的计算,得到的相关系数分别为:$r_1=0.904$,$r_2=0.826$,$r_3=0.644$,$r_4=0.918$,$r_5=0.605$,所以这5 个特征量与缺陷长度的相关性均不如得到的主元特征。

这说明了经过主元分析法处理得到的第一主成分对于缺陷长度的评价具有更高的价值。应用主元分析法对缺陷特征数据进行分析达到了对数据进行降维,用较少的数据量表达更多信息的目的,主元分析法对于缺陷特征数据的处理具有很好的效果。

2. 缺陷宽度相关特征分析

选取宽度为 10mm、20mm、40mm、60mm 的缺陷各 10 个,一共 40 个缺陷作为主元分析的样本,利用特征提取算法对这 40 个缺陷进行特征提取,选择所有缺陷的轴向峰谷平均差、轴向缺陷面积(谷)、轴向缺陷面能量(谷)、周向特殊点间距、周向缺陷面积、周向缺陷面能量、缺陷体积和缺陷体能量共 8 个特征量,将受缺陷宽度影响比较大的这 8 个特征量作为主元分析的样本数据,得到表 4.8。

表 4.8　宽度相关特征量样本(长 20、深 3)

轴向峰谷平均差	轴向缺陷面积(谷)	轴向缺陷面能量(谷)	周向特殊点间距	周向缺陷面积	周向缺陷面能量(×10⁻⁵)	缺陷体积	缺陷体能量
0.032	0.351	0.009	7	0.025	8.771	3.308	0.080
0.028	0.322	0.007	7	0.017	7.941	3.085	0.065
0.026	0.174	0.003	6	0.010	2.290	1.185	0.021
0.030	0.178	0.004	6	0.018	6.672	1.194	0.025
0.208	0.988	0.160	8	0.108	94.721	7.240	0.833
0.132	0.885	0.094	6	0.063	85.989	5.280	0.485
0.132	0.874	0.089	8	0.053	74.125	5.371	0.548
0.145	0.949	0.109	6	0.068	98.837	5.779	0.582
0.145	0.952	0.108	5	0.019	12.727	4.408	0.470
0.149	1.038	0.122	6	0.082	143.736	6.267	0.642
0.083	0.956	0.069	9	0.063	58.464	8.966	0.594
0.038	0.204	0.006	9	0.056	44.097	1.884	0.047
0.038	0.204	0.006	11	0.094	101.054	2.260	0.054
0.051	0.306	0.012	11	0.108	132.995	3.339	0.109
0.061	0.351	0.016	11	0.118	161.231	3.826	0.147
0.298	3.072	0.806	9	0.404	2437.726	27.297	6.227
0.207	1.441	0.234	12	0.428	1975.264	15.195	2.010

续表

轴向峰谷平均差	轴向缺陷面积(谷)	轴向缺陷面能量(谷)	周向特殊点间距	周向缺陷面积	周向缺陷面能量($\times 10^{-5}$)	缺陷体积	缺陷体能量
0.190	1.262	0.186	13	0.475	2188.896	13.789	1.593
0.202	1.319	0.208	11	0.392	1771.018	12.818	1.644
0.202	1.319	0.208	10	0.333	1668.622	11.975	1.603
0.186	2.121	0.325	18	0.507	1840.491	36.699	4.941
0.158	1.083	0.122	16	0.482	1879.682	16.501	1.603
0.133	0.890	0.085	18	0.533	1974.746	15.458	1.274
0.133	0.890	0.085	16	0.492	1724.245	14.266	1.195
0.144	0.904	0.096	18	0.584	2349.372	15.662	1.413
0.466	4.681	1.817	15	0.903	7544.612	63.874	21.854
0.351	2.459	0.661	16	1.105	9725.992	34.860	7.668
0.286	1.836	0.389	15	0.837	6021.710	22.984	4.294
0.305	1.862	0.428	15	0.860	6768.725	23.609	4.533
0.298	1.935	0.403	16	0.825	5789.634	22.576	4.014
0.256	2.701	0.536	22	1.074	6412.307	57.445	10.405
0.344	2.276	0.552	20	1.448	12057.338	44.480	9.769
0.180	1.030	0.130	20	0.847	4159.348	19.363	2.215
0.222	1.432	0.223	21	1.117	6883.365	28.604	4.010
0.564	5.898	2.844	22	1.726	16096.386	121.508	50.886
0.464	3.277	1.144	21	1.697	17380.785	60.843	17.577
0.403	2.536	0.758	19	1.344	12015.735	40.960	10.160
0.403	2.413	0.729	21	1.628	18775.976	42.543	10.438
0.453	3.216	1.137	20	1.599	16801.642	59.357	16.878
0.189	1.138	0.145	21	0.912	5365.367	19.808	2.893

　　利用主元分析法对表 4.8 中的 40 个实际缺陷的漏磁检测数据特征进行处理，得到相关系数矩阵，求解相关系数矩阵的特征值为

$$\lambda_1 = 6.688, \quad \lambda_2 = 0.863, \quad \lambda_3 = 0.264, \quad \lambda_4 = 0.142,$$
$$\lambda_5 = 0.024, \quad \lambda_6 = 0.013, \quad \lambda_7 = 0.005, \quad \lambda_8 = 0.001$$

对应的 6 个特征向量见表 4.9。

表 4.9 主元分析后的特征向量

α_1	α_2	α_3	α_4	α_5	α_6	α_7	α_8
0.167	−0.013	−0.497	0.445	0.353	−0.431	0.304	0.122
0.366	−0.270	−0.051	0.506	−0.384	0.351	−0.133	−0.493
0.356	−0.406	0.072	−0.076	0.423	0.502	−0.187	0.479
0.894	0.617	0.563	0.240	0.248	0.184	0.239	−0.059
0.357	0.396	−0.145	−0.105	−0.032	−0.227	−0.793	0.032
0.352	0.281	−0.463	−0.537	−0.177	0.348	0.358	−0.108
0.377	−0.125	0.300	−0.040	−0.618	−0.297	0.187	0.493
0.353	−0.357	0.317	−0.423	0.267	−0.376	0.055	−0.501

利用得到的 6 个特征值经过线性组合形成的主成分的贡献率(从大到小,贡献率累加至 95% 之后的维数不显示)如图 4.34 所示。

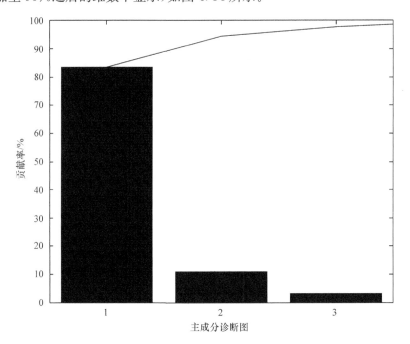

图 4.34　宽度主成分贡献率分布图

根据图 4.34 可知,这八个从大到小排列的主成分的贡献率中前 3 个主成分的贡献率已经达到了 95%,所以完全可以选取前 3 个主成分代替原样本数据的 8 个特征量,将剩余主成分忽略,用这 3 个新的主成分来对缺陷长度进行评价,其中式(4.52)、式(4.53)、式(4.54)即为 3 个新的主成分。

$$F_1 = 0.167X_1 + 0.366X_2 + 0.356X_3 + 0.894X_4 \\ + 0.357X_5 + 0.352X_6 + 0.377X_7 + 0.353X_8 \tag{4.52}$$

$$F_2 = -0.013X_1 - 0.270X_2 + 0.406X_3 + 0.617X_4 \\ + 0.396X_5 + 0.281X_6 - 0.125X_7 + 0.357X_8 \tag{4.53}$$

$$F_3 = -0.497X_1 - 0.051X_2 + 0.072X_3 + 0.563X_4 \\ - 0.145X_5 - 0.463X_6 + 0.300X_7 + 0.317X_8 \tag{4.54}$$

利用式(4.52)计算得到缺陷宽度和第一主成分的相关系数为 $r = 0.826$,由此可知经过主元分析法进行变换后得到的主成分与缺陷宽度之间存在很大的相关性,可以将主元分析法处理之后得到的第一主成分作为缺陷宽度评价中最重要的参数。

根据第一主成分变换公式中各个特征量的系数,可以知道第一主成分对第四个特征周向特殊点间距的信息表达较多,由于第一主成分与缺陷宽度相关性较大。因此可以得出结论,缺陷第4个特征量也就是对于缺陷宽度的评价作用比较大的特征量。下面对周向特殊点间距与缺陷宽度的相关系数进行计算得到 $r_4 = 0.973$,因此可以看出周向特殊点间距这个特征量和缺陷宽度的关系更大,这说明了经过主元分析法处理得到的第一主成分对于缺陷长度的评价虽然有很高的价值,但是缺陷第4个特征量对缺陷宽度的还原度更大,所以在进行宽度分析时主要利用周向特殊点间距,但是可以参考第一主元成分。

3. 缺陷深度相关特征分析

选取深度为 1mm、3mm、5mm、7mm 的缺陷各 10 个,一共 40 个缺陷作为主元分析的样本,利用特征提取算法对这 40 个缺陷进行特征提取,选择所有缺陷的轴向峰谷平均差、轴向拐点差值、轴向缺陷面积(谷)、轴向缺陷面能量(谷)、轴向缺陷面积(特殊点)、轴向面能量(特殊点)、缺陷体积和缺陷体能量共 8 个特征量,将受缺陷深度影响比较大的这 8 个特征量作为深度特征主元分析的样本数据,得到表 4.10。

表 4.10　深度相关特征量样本(长 20、宽 20)

轴向峰谷平均差	轴向拐点差值	轴向缺陷面积(谷)	轴向缺陷面能量(谷)	轴向缺陷面积(特殊点)	轴向缺陷面能量(特殊点)	缺陷体积	缺陷体能量
0.030	0.018	0.310	0.007	0.039	0.001	3.713	0.077
0.028	0.015	0.211	0.004	0.171	0.003	3.981	0.079
0.026	0.012	0.193	0.003	0.141	0.002	1.929	0.031
0.027	0.014	0.194	0.004	0.178	0.004	1.799	0.034
0.072	0.058	0.721	0.046	0.133	0.002	8.561	0.478

续表

轴向峰谷平均差	轴向拐点差值	轴向缺陷面积（谷）	轴向缺陷面能量（谷）	轴向缺陷面积（特殊点）	轴向缺陷面能量（特殊点）	缺陷体积	缺陷体能量
0.055	0.030	0.352	0.015	0.305	0.012	3.761	0.143
0.043	0.022	0.269	0.009	0.231	0.007	2.442	0.067
0.060	0.0321	0.385	0.018	0.326	0.014	3.450	0.142
0.029	0.131	0.201	0.004	0.149	0.003	2.013	0.040
0.038	0.019	0.342	0.008	0.0398	0.001	4.643	0.080
0.083	0.052	0.956	0.069	0.178	0.004	10.494	0.675
0.078	0.043	0.704	0.056	0.168	0.004	10.123	0.651
0.061	0.039	0.506	0.042	0.230	0.008	11.856	0.697
0.061	0.034	0.551	0.046	0.269	0.011	9.269	0.531
0.298	0.238	3.072	0.806	0.398	0.022	27.297	6.227
0.207	0.111	1.441	0.234	1.323	0.207	13.358	1.845
0.190	0.101	1.262	0.186	1.060	0.143	11.477	1.419
0.202	0.114	1.319	0.208	1.141	0.168	11.175	1.503
0.201	0.107	1.201	0.198	1.005	0.111	10.341	0.653
0.242	0.134	1.537	0.264	1.452	0.214	14.201	1.878
0.178	0.120	2.0112	0.301	0.297	0.011	19.077	2.615
0.173	0.105	1.857	0.293	0.916	0.111	18.967	2.209
0.162	0.097	1.865	0.302	0.697	0.078	19.852	2.895
0.144	0.076	1.837	0.287	0.670	0.065	17.787	2.603
0.170	0.091	1.845	0.290	0.921	0.112	17.968	2.741
0.501	0.377	5.374	2.348	1.236	0.182	49.596	19.160
0.367	0.199	2.777	0.808	2.327	0.615	27.130	7.093
0.355	0.210	2.319	0.650	2.065	0.546	18.862	4.873
0.362	0.195	2.168	0.582	1.866	0.469	20.609	4.825
0.369	0.201	2.795	0.814	2.40	0.643	27.201	7.145
0.489	0.335	5.488	2.285	1.011	0.122	56.677	20.764
0.551	0.264	3.316	1.291	2.766	1.024	33.564	10.980
0.485	0.262	3.704	1.954	2.082	0.676	37.095	11.979
0.507	0.279	5.727	2.976	2.073	0.688	57.612	21.984
0.637	0.464	6.972	3.875	1.627	0.296	65.520	32.226
0.492	0.253	4.050	1.585	3.395	1.211	41.178	14.796

续表

轴向峰谷 平均差	轴向拐 点差值	轴向缺陷 面积(谷)	轴向缺陷 面能量(谷)	轴向缺陷 面积(特殊点)	轴向缺陷 面能量(特殊点)	缺陷 体积	缺陷体 能量
0.463	0.234	3.611	1.309	3.123	1.050	39.035	12.820
0.4749	0.2671	3.146	1.155	2.597	0.875	30.677	9.482
0.490	0.271	3.724	1.312	2.124	0.701	40.132	14.021
0.562	0.423	6.432	3.301	1.423	0.342	60.236	27.525

利用主元分析法对表 4.10 中的 40 个实际缺陷的漏磁检测数据特征进行处理,得到相关系数矩阵,求解相关系数矩阵的特征值为

$$\lambda_1 = 6.718, \quad \lambda_2 = 1.091, \quad \lambda_3 = 0.101, \quad \lambda_4 = 0.045,$$
$$\lambda_5 = 0.023, \quad \lambda_6 = 0.012, \quad \lambda_7 = 0.007, \quad \lambda_8 = 0.003$$

对应的 6 个特征向量见表 4.11。

表 4.11　主元分析后的特征向量

α_1	α_2	α_3	α_4	α_5	α_6	α_7	α_8
0.379	0.098	0.378	−0.012	0.063	0.705	−0.445	−0.062
0.372	−0.129	0.615	0.459	0.213	−0.384	0.201	0.147
0.375	−0.200	0.072	−0.424	−0.017	−0.038	0.382	−0.698
0.363	−0.283	−0.393	0.352	−0.316	0.390	0.442	0.250
0.303	0.582	0.111	−0.154	−0.679	−0.237	−0.004	0.128
0.281	0.639	−0.381	0.183	0.547	0.002	0.147	−0.115
0.374	−0.184	−0.114	−0.609	0.285	−0.132	−0.053	0.584
0.366	−0.269	−0.384	0.240	−0.100	−0.358	−0.629	−0.234

利用得到的 6 个特征值经过线性组合形成的主成分的贡献率(从大到小,贡献率累加至 95% 之后的维数不显示)如图 4.35 所示。

根据图 4.35 可知,这 8 个从大到小排列的主成分的贡献率中前两个主成分的贡献率已经达到了 95%,所以完全可以选取前两个主成分代替原样本数据的 8 个特征量,将剩余主成分忽略,用这两个新的主成分来对缺陷深度进行评价,其中式(4.55)、式(4.56)即为两个新的主成分。

$$F_1 = 0.379X_1 + 0.372X_2 + 0.375X_3 + 0.363X_4 \\ + 0.303X_5 + 0.281X_6 + 0.374X_7 + 0.366X_8 \tag{4.55}$$

$$F_2 = 0.098X_1 - 0.129X_2 - 0.200X_3 - 0.283X_4 \\ + 0.582X_5 + 0.639X_6 - 0.184X_7 - 0.269X_8 \tag{4.56}$$

利用式(4.55)计算得到缺陷深度和第一主成分的相关系数为 $r = 0.895$,由此

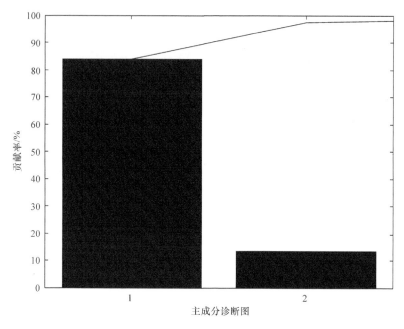

图 4.35　深度主成分贡献率分布图

可知经过主元分析法进行变换后得到的主成分与缺陷深度之间存在很大的相关性,可以将主元分析法处理之后得到的第一主成分作为缺陷深度评价中最重要的参数。由于第一主成分变换公式中各个特征量的系数差别不太大,所以对 8 个特征量与缺陷深度的相关系数进行计算得

$$r_1 = 0.870, \quad r_2 = 0.818, \quad r_3 = 0.853, \quad r_4 = 0.759,$$
$$r_5 = 0.797, \quad r_6 = 0.645, \quad r_7 = 0.805, \quad r_8 = 0.772$$

所以这 8 个特征量与缺陷长度的相关性均不如得到的主元特征。

这说明了经过主元分析法处理得到的第一主成分对于缺陷深度的评价具有更高的价值。应用主元分析法对缺陷特征数据进行分析达到了对数据进行降维,用较少的数据量表达更多信息的目的,主元分析法对于缺陷深度数据的处理具有很好的效果。

参 考 文 献

[1] 屈梁生,何正嘉. 机械故障诊断学[M]. 上海:上海科学技术出版社;1986.

[2] 陈进. 机械故障诊断中关于特征提取的若干研究前沿[A]. 面向 21 世纪的中国振动工程研究——中国科协第 30 次"青年科学家"报告文集. 北京:航空工业出版社,1999;110-122.

[3] 黄文虎,夏松波,刘瑞岩,等. 设备故障诊断原理、技术及应用[M]. 北京:科学出版社,1996.

[4] 靳洋. 基于 PCA/ICA 的图像特征提取算法研究[D]. 西安:西安电子科技大学,2014.

［5］潘锋. 特征提取与特征选择技术研究［D］. 南京:南京航空航天大学,2011.

［6］Feng G C,Yue P C,Dai D Q. Human face recognition using PCA on wavelet subband［J］. Journal of Electronic Imaging,2000,9(2):226-233.

［7］Martins N E,Jesus S M. Blind performance evaluation of kernels in multiclass［J］. IEEE Journal of Oceanic Engineering,2006,31(3):646-656.

［8］Fukunaga K. Introduction to Statistical Pattern Recognition［M］. New York:Academic Press. 2002.

［9］Mandayam S,Udpa L,Udpa S S,et al. Invariance transformations for magnetic flux leakage signals［J］. IEEE Transactions on Magnetics,1996,32(3):1577-1580.

［10］Nestleroth J B. Circumferential MFL in-line inspection for cracks in pipelines. National Engineering Technology Laboratory,Ohio,U. SA. DE-FC26-0INT41159,2003.

［11］程思宁,武丹丹,张俊芬,等. 基于小波分析的人脸识别算法［J］. 长春工业大学学报,2006, 27(1):4-7.

［12］奥斯曼. 基于高斯过程的特征提取研究［D］. 广州:华南理工大学,2014.

［13］刘金海,吴振宁,王增国,等. 漏磁内检测数据中的管壁缺陷特征提取方法［J］. 北京工业大学学报,2014,07:1041-1047.

［14］王辉. 输油管道微小泄漏特征提取方法研究［D］. 大庆:大庆石油学院,2008.

［15］陈红. 钢丝绳漏磁信号的分析与缺陷检测研究［D］. 哈尔滨:哈尔滨工业大学,2010:21-23.

［16］张宇,靳世久,何静菁,等. 基于动态压力信号的管道泄漏特征提取方法研究［J］. 石油学报, 2010,02:338-342.

［17］杨进,文玉梅,李平. 基于相关分析和近似熵的管道泄漏声信号特征提取及辨识方法［J］. 仪器仪表学报,2009,02:272-279.

［18］陈志文. 基于主元分析的动态系统故障检测方法研究［D］. 长沙:中南大学,2012(05).

［19］Duin R,Loog M. Linear dimensionality reduction via a heteroscedastic extension of lda:the chernoff criterion［J］. IEEE Transactions on Pattern Analysis and Machine Intelligence, 2004,26(6):732-739.

［20］X. Cao,and R. Liu. General Approach to Blind Source Separation［J］. IEEE Transactions on Signal Processing,1996,44:562-571.

［21］Mandayam S,Udpa L,Udpa S S,et al. Invariance transformations for magnetic flux leakage signals［J］. IEEE Transactions on Magnetics,1996,32(3):1577-1580.

［22］赵利强,王建林,于涛. 基于改进 EMD 的输油管道泄漏信号特征提取方法研究［J］. 仪器仪表学报,2013,12:2696-2702.

［23］胡静. 相对主元分析理论及其应用研究［D］. 郑州:河南大学,2008.

［24］曹莹. 基于多向主元分析的间歇过程监控研究［D］. 南京:南京理工大学,2014(02).

［25］徐海永. 基于主元分析和支持向量回归机的故障预测［D］. 大连:大连理工大学,2013(04).

［26］Toh K A,Oh B S. An image edge mask for face identity verification［C］. Industrial Electronics and Applications (ICIEA),2010 the 5th IEEE Conference on. IEEE,2010:301-306.

［27］Hua J Z,Wang J G,Peng H Q,et al. A novel edge detection method based on PCA[J]. International Journal of Advancements in Computing Technology,2011,3(3):228-238.

［28］Meer P,Georgescu B. Edge detection with embedded confidence[J]. IEEE Transactions on Pattern Analysis and Machine Intelligence,2001,23（12）:1351-1365.

［29］Jackson J E. A User's guide to principle components[M]. New York:Wiley,1991,55-62.

［30］华继钊,王建国,杨静宇. 基于 PCA 的边缘检测方法[J]. 中国图象图形学报,2009,14(5):912-919.

第5章 管道漏磁检测的反演方法

5.1 引 言

5.1.1 反演方法应用与介绍

在漏磁检测中,漏磁信号的处理以及缺陷的量化识别是管道漏磁检测的核心环节。漏磁检测信号的量化识别过程就是根据漏磁检测信号确定被测材料中是否存在缺陷,并标定缺陷的位置和形状,进而实现缺陷检测的可视化,此过程称为漏磁检测的反演问题。目前,国外的漏磁检测技术水平远高于我国,而购买其昂贵的服务不仅造成资金的浪费而且不利于国家管道路线的隐蔽。综上所述,管道内检测数据的反演研究对于打破国外垄断地位,提高国内管道检测方面的科技水平有着直接的意义。

反演问题广泛存在于许多工程领域。20 世纪 60 年代以来,反演问题研究是地球物理、生物医学、岩土工程、力学以及光学等领域一个基本而重要的分支,人们利用各种可能的数学理论来求解反演问题。如在脑电产生源求解问题的研究上,就有基于等效磁偶极子的参数定位法、基于电流分布模型的图像重建法和人工神经网络方法等。多种求解方法也从另一个角度说明反演问题的研究尚无完善的理论方法。这首先源于反演问题是基于正演问题而存在的,只有对问题的机理有了足够认识,能获得问题的数学解答(解析的或数值的)后,才能去考虑问题的反演。若对问题机理认识不清楚,就谈不上如何去求解反演问题。许多工程问题(如漏磁检测问题),机理的认识长期不足,缺乏合适的正演问题计算模型,反演问题的研究很缓慢。另外反演问题解的非正定性等也是阻碍反演问题求解的重要方面。

5.1.2 漏磁数据反演的国内外发展现状

早在 1966 年,苏联学者提出了基于无限长裂纹的磁偶极子模型,并尝试将点状缺陷、浅深裂缝用磁偶极子、无限长的磁偶极线和无限长的磁偶极带构成等效模型。后来 Pashagin 将这一模型应用到了有限尺寸缺陷模型。Edwards 和 Palmer 等计算了半椭圆型缺陷的漏磁场解析解并得到了用缺陷尺寸、磁场强度和磁导率表示漏磁场的公式。60 年代后期开始,学者们开始尝试在漏磁检测的漏磁场分布计算中使用有限差分法、镜像法和有限元等数值方法。最早开始使用有限元法计算漏磁场的是 Lord 和 Hwang[1],他们研究了不同环境、不同形状的缺陷以及深度和宽度对漏磁场的影响,进而使得漏磁检测理论获得了突破。1977 年,Silk 等利用有限元法研究了漏磁场与缺陷特征量之间的对应关系。1978 年 Lord 和 Bridge 等研究了铁磁材料磁滞和退磁现象。20 世纪 90 年代,美国研究者 Ramuhalli 等[2] 研究了在石油、天然气管道检测方面的漏磁检测的理论和工程问题。美国爱荷华州立大学的 Sunho 等研究了影响漏磁场和漏磁信号的因素,并且得出了漏磁场的矢量偏微分方程[3]。

我国在漏磁检测领域的研究从 20 世纪 90 年代初期才开始起步,远远晚于一些西方发达国家。最早由华中科技大学开始研究了磁化技术检测,杨叔子、康宜华等学者先后对磁化技术及磁信号测量原理进行了研究。清华大学的黄松岭、李路明等学者总结了漏磁信号的处理方法,研究了几何缺陷对漏磁场的影响;天津大学的王太勇等学者通过物理实验和大量仿真分析,对漏磁信号的定量识别进行了研究;沈阳工业大学的杨理践、毕大伟等学者通过信号的波形特征提取缺陷的长度和宽度信息,通过建立数学模型,采用势函数法判断出了缺陷的深度状况;陈正阁、王长龙等学者利用有限元法分析计算了不同尺寸不同形状缺陷的漏磁场,得出了随着缺陷宽度、深度的增加峰峰值也随着增大的结论;山东大学的蒋奇等对管壁检测与外形量化进行了研究,提高了检测量化精度。

5.1.3　反演方法理论

在数学上,反演问题是在正演问题的基础之上提出来的,主要指的是以结果作为输入内容,结合事物的发展规律,反向推导出引起该结果产生原因的过程。相对于反演问题而言,正演问题是在已经掌握了事物的发展规律和事物之间相互作用规律的基础上,由已知参数——源参数及介质参数,根据物理规律推测和计算观测得到的资料和数据,推测源本身参数的变化。

管道漏磁检测的缺陷反演,是求解一类典型的非线性映射问题,其实质上就是指从检测的漏磁信号的特征中恢复出缺陷轮廓的几何参数,属于逆向问题。其流程如图 5.1 所示。

图 5.1　缺陷量化流程

由图 5.1 可以得到

$$Y(t) = X(t) \cdot H(t) \tag{5.1}$$

式中,$X(t)$ 代表输入,即缺陷的几何参数;$Y(t)$ 代表输出,即检测到的漏磁信号;$H(t)$ 代表传递函数,即磁场信号与缺陷几何参数的交互作用。

漏磁检测中的正向问题即已知输入 $X(t)$ 和传递函数 $H(t)$,求解输出 $Y(t)$。逆向问题是已知输出 $Y(t)$ 和输入 $X(t)$,求解传递函数 $H(t)$;或者已知输出 $Y(t)$

和传递函数 $H(t)$，求解输入 $X(t)$。已知漏磁检测信号和系统模型，求得缺陷轮廓，是管道漏磁检测信号的反演问题。

在反演问题中会存在不适定性，根据 Hadamond 在 20 世纪 20 年代提出的定义，一个良态问题必须具备三个特性：存在性、唯一性和连续性。若一个问题不满足三个特性之一，则判定此问题为不适定性。按照这个定义，漏磁检测的正向问题通常都是适定的，可以通过解析法和数值法求得唯一的解[4]。在漏磁检测的逆向问题研究中，反演结果通常是不唯一的，主要是因为相对于缺陷的特征，测得漏磁信号往往缺乏唯一性和连续性。为解决上述问题，在求解逆向问题时，可以通过增加测量信息和先验信息等后再加以处理，增加大量的信息来减少反演结果的不唯一性。

5.2　几种常见的反演方法介绍

漏磁检测的反演方法可分为两大类：基于模型（model based）和非模型（non-model based）的反演方法[5]，分类如图 5.2 所示。

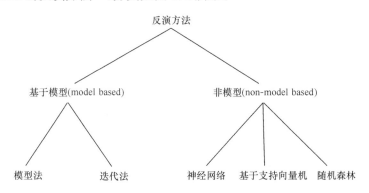

图 5.2　反演方法分类

5.2.1　基于模型的反演方法

基于模型的反演方法是指建立一个物理模型，即前向模型，可以将检测到的漏磁信号转化成缺陷的几何参数信息，再通过迭代等方式不断最小化由前向模型输出的漏磁信号与测量漏磁信号之间的差值，最终得到正确的缺陷轮廓模型。常用的方法有迭代法和模型法等。

1. 迭代法

迭代是数值分析中通过从一个初始估计出发寻找一系列近似解来解决问题，也称为辗转法，是一种不断用变量的旧值递推新值的过程。定义如下：

对于给定的线性方程组 $x=Bx+f$(这里 x, B, f 同为矩阵,任意线性方程组都可以变换成此形式)。用公式 $x_{k+1}=Bx_k+f$(x_k 代表迭代 k 次得到的 x,初始时 $k=0$)逐步代入求近似解的方法称为迭代法(或称一阶定常迭代法)。如果 $\lim\limits_{k\to\infty}x_k$ 存在,记为 x^*,称次迭代法收敛。显然 x^* 就是此方程的解,否则称为迭代法发散。

迭代法通过正向模型和优化算法来实现。其中,正向模型可以利用解析法和数值法来求解。常见的迭代法的优化算法包括最速下降法、共轭梯度法、变尺度迭代法、最小二乘法、线性规划、非线性规划、单纯型法、惩罚函数法、斜率投影法、遗传算法、模拟退火等。

2. 模型法

模型法是通过激励源产生的电磁场对被测件进行激励,由于被测件表面存在不同的性质缺陷,会产生变化的磁场,通过建立数学模型从而建立变化的磁场与缺陷的几何参数的对应关系,实现缺陷的反演。

目前模型法具有很好的数学模型,但由于求解过程中常常会存在不同的缺陷产生一样变化的磁场,所以求得解不唯一,具有不确定因素,还有待完善。

5.2.2　基于非模型的反演方法

非模型反演方法通过信号处理技术直接建立漏磁信号与缺陷几何参数之间的关系实现漏磁信号的反演。非模型的反演方法也称为数据法直接反演,对于漏磁数据的反演,有时难以建立有效的数学模型和用常规的理论去进行定量计算和分析,而必须采用定量方法与定性方法相结合的求解方式。常用的方法有人工神经网络(artificial neural network, ANN)、支持向量机(support vector machine, SVM)、随机森林(random forests)等[6]。

1. 人工神经网络

神经网络是仿效生物处理模式以获得智能信息处理功能的理论。神经网络着眼于脑的微观网络结构,通过大量神经元的复杂连接,采用由底到顶的方法,通过自学习、自组织和非线性动力学所形成的并行发布方式,来处理难于语言化的模式信息。事实上,作为人工神经网络的最初模型感知器就是作为模式识别的应用而提出的,神经元的输出是其输入的函数。常用的函数类型有线性函数、Sigmoid 型函数和阈值型函数。虽然单个神经元的结构和功能极其简单、有限,而大量神经元构成的系统其行为却是非常丰富的。

目前神经网络很好地解决了函数逼近、回归与分类等问题。在模式识别领域,神经网络方法已经成功地用于手写字符的识别、汽车牌照的识别、指纹识别及语音识别等方面。

2. 支持向量机

支持向量机是 Vapnik 等根据统计学习理论中结构风险最小化原则提出的。作为在统计学理论基础上发展而来的小样本机器学习方法,支持向量机能够根据有限的样本信息在模型的复杂性(对特定训练样本的学习精度)和学习能力(无错误地识别任意样本的能力)之间寻找最优平衡点,以获得最佳的推广能力。此外,支持向量机是一个凸二次优化问题,能够保证得到的极值解就是全局最优解。

支持向量机有严密的数学基础,训练结果只与支持向量有关,且泛化性强,成为了解决非线性问题的重要工具,因此,受到智能计算领域学者的广泛关注,在模式分类和回归领域得到了广泛的应用。

3. 随机森林

随机森林算法由 Leo Breiman 和 Adele Cutler 提出,该算法结合了 Breiman 的"Bootstrap aggregating"思想和 Ho 的"Random subspace"方法。其实质是一个包含多个决策树的分类器,这些决策树的形成采用了随机的方法,因此也叫随机决策树。随机森林中的树之间是没有关联的。当测试数据进入随机森林时,其实就是让每一棵决策树进行分类,最后取所有决策树中分类结果最多的那类作为最终的结果。随机森林以它自身固有的特点和优良的分类效果在众多的机器学习算法中脱颖而出。

5.3　基于模型的迭代反演方法

迭代法在电磁场逆问题求解过程中应用广泛。这种方法的实质,是在求解正问题的基础上,以反馈的方式解决反演问题,由于采用闭环的迭代结构降低了模型对数据的依赖性,因此该模型能够有效地提高模型的计算精度和逼近能力,其流程如图 5.3 所示。

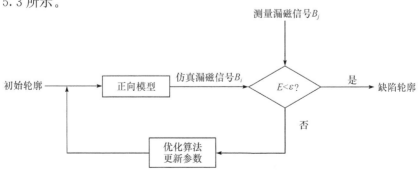

图 5.3　缺陷反演的迭代法流程图

由图 5.3 可知,利用迭代法对漏磁检测缺陷信号的反演步骤为:

(1) 通过正向模型对给定的初始轮廓求解得到仿真漏磁信号 B_i。

(2) 实际检测到的漏磁信号 B_j 与仿真得到的漏磁信号 B_i 作比较,计算目标函数 E。

(3) 若目标函数小于设定的阈值($E<\varepsilon$),则得到理想的缺陷轮廓;若目标函数大于设定的阈值($E>\varepsilon$),则利用优化算法对缺陷轮廓参数进行更新,回到步骤(1),使得目标函数 E 小于设定的阈值。

理论上目标函数值越小,得到的缺陷轮廓精度越高。影响缺陷轮廓精度的有两个方面,正向模型和优化算法。

5.3.1　迭代法正向模型

这里的正向模型指的是:已知缺陷特征和漏磁检测等参数,求得漏磁场大小与分布信号,是实现缺陷定量分析的基础。正向模型可以利用解析法和数值法来求解,目前,漏磁检测的正演计算模型包括基于磁荷理论的磁偶极子解析模型和求解麦克斯韦方程组的数值方法。国内外学者在这一领域的研究,形成两大学派:一是以俄罗斯为首的经典理论学派,主要研究磁偶极子法;另一学派以美国为主的工程近似派,主要研究数值计算法。在管道漏磁内检测数据处理、缺陷识别等方面,这两种方法都有所应用和研究。

1. 磁偶极子模型

磁偶极子法是用磁偶极子模拟管道表面的缺陷以求解缺陷漏磁场的一种解析方法[7]。由于磁偶极子模型比较简单,故在很多方面有着广泛的应用。最常见的是在水中磁性目标(如沉船、水中航行体等)的探测定位,经常把这些磁性目标视作磁偶极子;另外在海洋工程中的磁性物质探测以及海洋磁力测量工作中,磁偶极子模型也是解决问题的基础;即使是在磁场的计算或换算中,磁偶极子模型也经常被用到。

工件管道在磁场中被饱和磁化时,缺陷周围产生漏磁场可以把缺陷的两个侧面看做磁极,用等效的磁偶极子来模拟各种表面缺陷,下面用 3 种磁偶极子模型来描述。

1) 点偶极子模型

工件管道表面的点状孔、洞等缺陷可用等效点偶极子模型来模拟,如图 5.4 所示,点磁荷 m 在空间任意一点 P 所产生的场强为

$$H=\frac{mr}{r^3} \tag{5.2}$$

式中,r 为点 P 到点磁荷 m 的距离。相距为 $2a$ 的两个点磁荷(磁偶极子)在空间

任一点所产生的磁场,其 x,y 方向的两个分量是

$$H_x = m\left\{\frac{x+a}{[(x+a)^2+y^2]^{3/2}} - \frac{x-a}{[(x-a)^2+y^2]^{3/2}}\right\} \tag{5.3}$$

$$H_y = m\left\{\frac{y}{[(x+a)^2+y^2]^{3/2}} - \frac{y}{[(x-a)^2+y^2]^{3/2}}\right\} \tag{5.4}$$

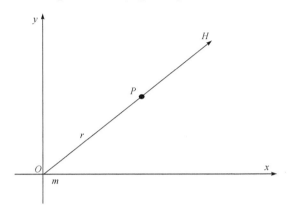

图 5.4　点偶极子模型

2) 磁偶极线

工件管道表面的低浅划道、拉痕等缺陷可以用如图 5.5 所示的等效线偶极子模拟。所谓线偶极子就是具有符号相反、线磁荷密度 ρ_1 相等,相距为缺陷宽度 $2b$ 的两条无限长磁荷线,一条无限长的正磁荷线在与它相距为 r_1 的点 P 所产生的场强为

$$H_1 = \frac{2\rho_1}{r_1^2}r_1 \tag{5.5}$$

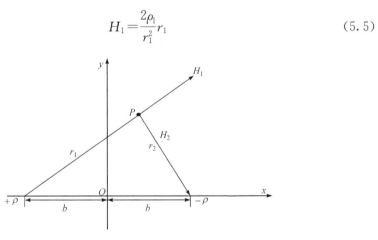

图 5.5　线偶极子模型

同理,对于负磁荷线有

$$H_2 = \frac{2\rho_1}{r_2^2} r_2 \tag{5.6}$$

线偶极子在空间任一点场强上是上述两式的矢量和，它的水平分量 H_x 和法向分量 H_y 分别为

$$H_x = -\frac{4\rho_1(x^2 - y^2 - b^2)}{[(x+b)^2 + y^2][(x-b)^2 + y^2]} \tag{5.7}$$

$$H_y = -\frac{8\rho_1 bxy}{[(x+b)^2 + y^2][(x-b)^2 + y^2]} \tag{5.8}$$

3）磁偶极带

（1）磁偶极带的二维模型。

对于裂纹、折叠一类的缺陷可用磁偶极带的二维模型来模拟，它是具有符号相反、面磁荷密度 ρ_s 相等，相距为缺陷宽度 $2b$ 深度为 h 的两个磁荷面（如图 5.6 所示）。空间任一点 P 磁场强度的水平分量 H_x 和法向分量 H_y 分别为

$$H_x = 2\rho_s \left[\arctan \frac{h(x+b)}{(x+b)^2 + y(y+h)} - \arctan \frac{h(x-b)}{(x-b)^2 + y(y+h)} \right] \tag{5.9}$$

$$H_y = \rho_s \left[\ln \frac{[(x+b)^2 + (y+h)^2]}{[(x+b)^2 + y^2]} - \ln \frac{[(x-b)^2 + (y+h)^2]}{[(x-b)^2 + y^2]} \right] \tag{5.10}$$

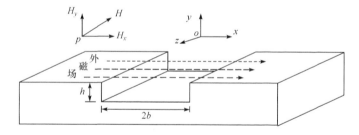

图 5.6　磁偶极带的二维模型

（2）磁偶极带的三维模型。

矩形槽裂纹的磁偶极带三维模型如图 5.7 所示。矩形槽裂纹长度为 $2l$、宽度为 $2a$、深度为 d。用有限长磁偶极带模拟矩形槽裂纹，有限场长极带是符号相反、面磁荷密度 σ_s 相等、相距为缺陷宽度 $2a$、深度为 d、长度为 $2l$ 的两个磁荷面，且假定缺陷口及其他部位均无磁荷分布。

在缺陷侧壁上面元在任一点产生的场强为

$$H_1 = \frac{\sigma_s}{4\pi r_1^3} r_1 \tag{5.11}$$

$$H_2 = -\frac{\sigma_s}{4\pi r_2^3} r_2 \tag{5.12}$$

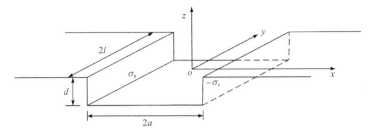

图 5.7　磁偶极带的三维模型

在空间任一点 $P(x,y,z)$ 所产生的磁场强度分别为

$$H_x = \frac{\sigma_s}{4\pi}\int_{-l}^{l}\int_{-d}^{0} \frac{x+a}{[(x+a)^2+(y-v)^2+(z-u)^2]^{3/2}}\mathrm{d}u\mathrm{d}v$$
$$-\frac{\sigma_s}{4\pi}\int_{-l}^{l}\int_{-d}^{0} \frac{x-a}{[(x-a)^2+(y-v)^2+(z-u)^2]^{3/2}}\mathrm{d}u\mathrm{d}v \qquad (5.13)$$

$$
\begin{aligned}
H_x = \frac{\sigma_s}{4\pi}\Big(& \arctan \frac{(y+l)(z+d)}{(x+a)[(x+a)^2+(y+l)^2+(z+d)^2]^{1/2}} \\
&-\arctan \frac{(y+l)z}{(x+a)[(x+a)^2+(y+l)^2+z^2]^{1/2}} \\
&-\arctan \frac{(y-l)(z+d)}{(x+a)[(x+a)^2+(y-l)^2+(z+d)^2]^{1/2}} \\
&+\arctan \frac{(y-l)z}{(x+a)[(x+a)^2+(y-l)^2+z^2]^{1/2}} \\
&-\arctan \frac{(y+l)(z+d)}{(x-a)[(x-a)^2+(y+l)^2+(z+d)^2]^{1/2}} \\
&+\arctan \frac{(y+l)z}{(x-a)[(x-a)^2+(y+l)^2+z^2]^{1/2}} \\
&+\arctan \frac{(y-l)(z+d)}{(x-a)[(x-a)^2+(y-l)^2+(z+d)^2]^{1/2}} \\
&-\arctan \frac{(y-l)z}{(x-a)[(x-a)^2+(y-l)^2+z^2]^{1/2}}\Big)
\end{aligned} \qquad (5.14)
$$

$$H_y = \frac{\sigma_s}{4\pi}\int_{-l}^{l}\int_{-d}^{0} \frac{y-v}{[(x+a)^2+(y-v)^2+(z-u)^2]^{3/2}}\mathrm{d}u\mathrm{d}v$$
$$-\frac{\sigma_s}{4\pi}\int_{-l}^{l}\int_{-d}^{0} \frac{y-v}{[(x-a)^2+(y-v)^2+(z-u)^2]^{3/2}}\mathrm{d}u\mathrm{d}v$$
$$= \frac{\sigma_s}{4\pi}\Big(\ln \frac{\{z+d+[(x+a)^2+(y-l)^2+(z+d)^2]^{1/2}\}\{z+[(x+a)^2+(y+l)^2+z^2]^{1/2}\}}{\{z+[(x+a)^2+(y-l)^2+z^2]^{1/2}\}\{z+d+[(x+a)^2+(y+l)^2+(z+d)^2]^{1/2}\}}$$
$$-\ln \frac{\{z+d+[(x-a)^2+(y-l)^2+(z+d)^2]^{1/2}\}\{z+[(x-a)^2+(y+l)^2+z^2]^{1/2}\}}{\{z+[(x-a)^2+(y-l)^2+z^2]^{1/2}\}\{z+d+[(x-a)^2+(y+l)^2+(z+d)^2]^{1/2}\}}\Big)$$

$$(5.15)$$

$$
\begin{aligned}
H_z = & \frac{\sigma_s}{4\pi} \int_{-l}^{l} \int_{-d}^{0} \frac{z-u}{[(x+a)^2+(y-v)^2+(z-u)^2]^{3/2}} \mathrm{d}u\mathrm{d}v \\
& - \frac{\sigma_s}{4\pi} \int_{-l}^{l} \int_{-d}^{0} \frac{z-u}{[(x-a)^2+(y-v)^2+(z-u)^2]^{3/2}} \mathrm{d}u\mathrm{d}v \\
= & \frac{\sigma_s}{4\pi} \bigg(\ln \frac{\{y+l+[(x+a)^2+(y+l)^2+z^2]\}\{y-l+[(x+a)^2+(y-l)^2+(z+d)^2]\}}{\{y-l+[(x+a)^2+(y-l)^2+z^2]\}\{y+l+[(x+a)^2+(y+l)^2+(z+d)^2]\}} \\
& - \ln \frac{\{y+l+[(x-a)^2+(y+l)^2+z^2]\}\{y-l+[(x-a)^2+(y-l)^2+(z+d)^2]\}}{\{y-l+[(x-a)^2+(y-l)^2+z^2]\}\{y+l+[(x-a)^2+(y+l)^2+(z+d)^2]\}} \bigg)
\end{aligned}
$$

$$(5.16)$$

2. 有限元模型

有限元法(finite element method,FEM),是计算力学中的一种重要的方法,它是 20 世纪 50 年代末 60 年代初兴起的应用数学、现代力学及计算机科学相互渗透、综合利用的边缘科学。有限元法最初应用在工程科学技术中,用于模拟并且解决工程力学、热学、电磁学等物理问题。对于过去用解析方法无法求解的问题和边界条件及结构形状都不规则的复杂问题,有限元法则是一种有效的分析方法。

有限元法的基本思想是用许多离散的子域去逼近整个连续区域。在子域中,未知函数用带有未知系数的简单插值函数来表示。因此,无限个自由度的问题被转化成了有限个自由度的问题,整个系统的解用有限数量的未知系数近似;然后用变分法或加权余量法得到一组代数方程,再通过求解代数方程组得到边值问题的解[8]。

1) 单元方程的推导

将体积 V 划分成 M 个小体积单元,共 N 个节点。小体积单元可以是四面体单元、三棱柱单元、矩形块单元。

在齐次诺依曼边界条件下,得到

$$F(\varphi) = \sum_{e=1}^{M} F^e(\varphi^e) \tag{5.17}$$

$F^e(\varphi^e)$ 为

$$F^e(\varphi^e) = \frac{1}{2} \iiint_{V^e} [\alpha |\nabla\varphi^e|^2 + \beta (\varphi^e)^2] \mathrm{d}V - \iiint_{V^e} f\varphi^e \mathrm{d}V \tag{5.18}$$

式中,$F^e(\varphi^e)$ 是子泛函;V^e 为第 e 个单元的体积;上标"e"表示相应的量位于第 e 个单元的部分。

在有 n 个节点的第 e 个单元内:

$$\varphi^e(x,y,z) = \sum_{j=1}^{n} N_j^e(x,y,z) \varphi_j^e \tag{5.19}$$

式中,$N_j^e(x,y,z)$ 为插值函数;φ_j^e 为第 j 个节点上的 φ 值。

将式(5.19)代入式(5.18)，并将 F^e 对 φ_{mi}^e 求导，得到

$$\frac{\partial F^e}{\partial \varphi_i^e} = \sum_{j=1}^n \varphi_j^e \iiint_{V^e} \left[\alpha \left(\frac{\partial N_i^e}{\partial x} \frac{\partial N_j^e}{\partial x} + \frac{\partial N_i^e}{\partial y} \frac{\partial N_j^e}{\partial y} + \frac{\partial N_i^e}{\partial z} \frac{\partial N_j^e}{\partial z} \right) + \beta N_i^e N_j^e \right] \mathrm{d}V$$

$$- \iiint_{V^e} f N_i^e \mathrm{d}V, \quad i = 1, 2, 3, \cdots, n \tag{5.20}$$

令

$$K_{ij}^e = \iiint_{V^e} \left[\alpha \left(\frac{\partial N_i^e}{\partial x} \frac{\partial N_j^e}{\partial x} + \frac{\partial N_i^e}{\partial y} \frac{\partial N_j^e}{\partial y} + \frac{\partial N_i^e}{\partial z} \frac{\partial N_j^e}{\partial z} \right) + \beta N_i^e N_j^e \right] \mathrm{d}V \tag{5.21}$$

$$b_i^e = \iiint_{V^e} f N_i^e \mathrm{d}V \tag{5.22}$$

$$\left\{ \frac{\partial F^e}{\partial \varphi^e} \right\} = \left[\frac{\partial F^e}{\partial \varphi_1^e}, \frac{\partial F^e}{\partial \varphi_2^e}, \cdots, \frac{\partial F^e}{\partial \varphi_n^e} \right]^{\mathrm{T}} \tag{5.23}$$

$$[K^e] = \begin{bmatrix} K_{11}^e & K_{12}^e & \cdots & K_{1n}^e \\ K_{21}^e & K_{22}^e & \cdots & K_{2n}^e \\ \vdots & \vdots & & \vdots \\ K_{n1}^e & K_{n2}^e & \cdots & K_{nn}^e \end{bmatrix} \tag{5.24}$$

$$\{\varphi^e\} = [\varphi_1^e, \varphi_2^e, \cdots, \varphi_n^e]^{\mathrm{T}} \tag{5.25}$$

$$\{b^e\} = [b_1^e, b_2^e, \cdots, b_n^e]^{\mathrm{T}} \tag{5.26}$$

由式(5.20)得到

$$\left\{ \frac{\partial F^e}{\partial \varphi^e} \right\} = [K^e]\{\varphi^e\} - \{b^e\} \tag{5.27}$$

2）有限元方法基本步骤

(1) 物体离散化。将分析的对象离散为有限个单元，单元的数量根据需要和计算精度而定。一般情况下，单元划分越细则描述变形情况越精确，越接近实际变形，但计算量越大。

(2) 单元特性分析。首先进行位移模式选择。有限元法通常采用位移法，因此应先选择合理的位移模式(位移函数)。然后分析单元的力学性质。根据单元的材料性质、形状、尺寸、节点数目、位置及其含义，找出单元节点力和节点位移的关系式，亦即导出单元刚度矩阵，这是分析中的关键一步。最后计算等效节点力。将单元边界上的表面力、体积力或集中力等效地转移到节点上，也就是用等效的节点力来代替所有作用在单元上的力。

(3) 单元组集。利用结构力的平衡条件和边界条件把各个单元按原来的结构重新联结起来，形成整体刚度矩阵。

(4) 求解未知节点位移。解有限元方程求出节点位移，然后根据节点位移求出所有的未知量。

5.3.2　迭代法的优化算法

所谓优化算法,其实就是一种搜索过程或规则,它是基于某种思想和机制,通过一定的途径或规则得到满足用户要求的优化解。

优化算法通常采用的是迭代型搜索算法。其具体做法为:给出一个初始迭代点 x_1,按照某种规则生成点列 $\{x_k\}$,使得:当 $\{x_k\}$ 是一个有限点列时,其最后的迭代点即为问题 $f(x)$ 最小值点,当 $\{x_k\}$ 为无穷点列时,则该点列存在极限点,其极限点为问题 $f(x)$ 最小值点。如果满足以上条件,我们称该算法全局收敛。对于很多最优化算法,生成点列 $\{x_k\}$ 的做法是:在点 x_i 处,生成当前的搜索方向 d_i,一般要求 d_i 为下降方向,即满足 $g(x_i)^{\mathrm{T}}d_i<0,g(x)=\nabla f(x)$,然后根据线搜索准则确定在此方向的搜索步长 $\alpha_i>0$,并生成下一个迭代点 $x_{i+1}=x_i+\alpha_i d_i$。不断作此循环,直到算法满足某些停止准则。下面给出最优化算法的一般结构:

步骤 1:给定 $x_i,\varepsilon>0,k=1$;

步骤 2:按照一定准则生成搜索方向 d_k,若 $\|g_k\|\leqslant\varepsilon$ 则停止;

步骤 3:确定步长 $a_k,x_{k+1}=x_k+\alpha_k d_k$;

步骤 4:令 $k=k+1$,转步骤 2。

1. 常用的线搜索技术

所谓线搜索,指的是一个单变量函数的最优化问题。迭代型算法具有以下迭代形式:

$$x_{k+1}=x_k+\alpha_k d_k \tag{5.28}$$

其中,d_k 为搜索方向,由上式得到,要从 x_k 迭代到 x_{k+1} 还需确定步长因子 α_k。所有确定 α_k 的算法统称为线搜索技术。

以上问题是一个单变量问题。为了方便起见,令

$$\varphi(\alpha)=f(x_k+\alpha d_k) \tag{5.29}$$

则迭代型算法中的步长就是寻找 $\varphi(\alpha)$ 的极小值或近似极小值问题。

如果要求 α_k 使得函数 $f(x)$ 沿 d_k 达到极小值点,即

$$f(x_k+\alpha_k d_k)=\min_{\alpha>0}f(x_k+\alpha d_k) \tag{5.30}$$

则称之为精确线搜索。如果仅仅要求 α_k 使得函数 $f(x)$ 具有一定的可接受下降量,即使得

$$f(x_k)-f(x_k+\alpha_k d_k)>0 \tag{5.31}$$

则称这样的线搜索为非精确线搜索。

就理论而言,精确线搜索具有更好的收敛性质。但是在实际计算中,精确线搜索很难实现。哪怕是为了求近似精确的最优步长,其计算量相当大,因此一般的算法采用的多为非精确线搜索。

以下是一些最优化算法中常用的非精确线搜索条件。

(1) 弱 Wolfe-Powell(WWP)非精确线搜索。

如果 $\alpha_k>0$ 满足

$$f(x_k+\alpha_k d_k)\leqslant f(x_k)+\delta\alpha_k g_k^{\mathrm{T}}d_k \tag{5.32}$$

及

$$g\,(x_k+\alpha_k d_k)^{\mathrm{T}}d_k\geqslant\sigma g_k^{\mathrm{T}}d_k \tag{5.33}$$

其中,$0<\delta<\sigma<1$,则称此线搜索满足弱 Wolfe-Powell 条件。

(2) 强 Wolfe-Powell(SWP)非精确线搜索。

如果 $\alpha_k>0$ 满足

$$f(x_k+\alpha_k d_k)\leqslant f(x_k)+\delta\alpha_k g_k^{\mathrm{T}}d_k \tag{5.34}$$

及

$$|\,g\,(x_k+\alpha_k d_k)^{\mathrm{T}}d_k\,|\leqslant\sigma\,|\,g_k^{\mathrm{T}}d_k\,| \tag{5.35}$$

其中,$0<\delta<\sigma<1$,则称此线搜索满足强 Wolfe-Powell 条件。

(3) Goldstein 非精确线搜索。

如果 $\alpha_k>0$ 满足

$$f(x_k+\alpha_k d_k)\leqslant f(x_k)+\delta\alpha_k g_k^{\mathrm{T}}d_k \tag{5.36}$$

和

$$f(x_k+\alpha_k d_k)\geqslant f(x_k)+\delta_2\alpha_k g_k^{\mathrm{T}}d_k \tag{5.37}$$

其中,$0<\delta<\delta_2$,则称此线搜索满足 Goldstein 线搜索条件。

(4) Armijo 非精确线搜索。

$s>0$ 是给定的常数,$\alpha_k=\max\{\alpha\,|\,\alpha=s,s/2,s/2^2,\cdots\}$满足

$$f(x_k)-f(x_k+\alpha_k d_k)\geqslant\sigma_1\alpha g_k^{\mathrm{T}}d_k \tag{5.38}$$

则称此线搜索满足 Goldstein 线搜索条件。

优化算法在迭代过程中根据迭代点的数据和目标函数更新缺陷轮廓参数,使得通过正向模型计算得到的漏磁信号数据不断逼近实际检测的漏磁信号数据,进而得到更为精确的缺陷轮廓模型。优化算法的选择决定了整个闭环重构方法的迭代次数和收敛速度。除了收敛速度外,在算法设计中另一个需要注意的问题是防止迭代过程陷入局部极小值。

优化算法有很多种,常用的优化算法有最速下降法、粒子群优化算法、共轭梯度算法等。

2. 最速下降法

求解优化问题 $\min f(x)$ 的最速下降法是数值优化方法中最早的算法之一。该算法直观、简单、不需求解函数的二阶导数矩阵,一些更有效的数值优化方法都是在最速下降法的启发下获得的。

对于无约束最优化问题

$$\min_{x \in R^n} f(x) \tag{5.39}$$

其中，$f: R^n \rightarrow R$ 连续可微有下界。

处理这类问题时，总希望从某一点出发，选择一个是目标函数值下降最快的方向，以便尽快达到极小点。这个方向就是该点处的负梯度方向，即最速下降方向。

对于上述问题，假设已迭代了 k 次，第 k 次迭代点为 x_k，且 $\nabla f(x_k) \neq 0$，取搜索方向

$$d_k = -\nabla f(x_k) \tag{5.40}$$

为使目标函数值在点 x_k 处获得最快的下降，可沿 d_k 进行一维搜索。取步长 λ_k 为最优步长，使得

$$f(x_k + \lambda_k d_k) = \min_{\lambda \geqslant 0} f(x_k + \lambda d_k) \tag{5.41}$$

得到第 $k+1$ 次迭代点

$$x_{k+1} = x_k + \lambda_k d_k \tag{5.42}$$

于是，得到点列 $x_0, x_1, x_2, \cdots$，其中 x_0 为初始点。如果 $\nabla f(x_k) = 0$，则 x_k 是 f 的平稳点，这时可以终止迭代。

由于这种方法的每一次迭代都是沿着最速下降方向进行搜索，因此称作最速下降法(steepest decent method)。其操作步骤如下：

步骤 1：给定初始值 $x_0 \in R^n$，精度 ε，令 $k = 0$；

步骤 2：计算 $d_k = -\nabla f(x_k)$，如果 $\| \nabla f(x_k) \| \leqslant \varepsilon$，则停止；

步骤 3：由 $f(x_k + \lambda_k d_k) = \min\limits_{\lambda \geqslant 0} f(x_k + \lambda d_k)$ 确定步长因子 λ_k；

步骤 4：计算 $x_{k+1} = x_k + \lambda_k d_k$；

步骤 5：$k = k + 1$，转步骤 2。

所谓最速下降方向 $-\nabla f(\overline{x})$ 仅仅反映了 f 在点 x_k 处的局部性质，对于局部来说是最速下降方向，但对于整个求解过程并不一定使目标值下降的最快。事实上，在最速下降法中相继两次迭代的搜索方向是正交的，即

$$\nabla f(x_{k+1})^{\mathrm{T}} \nabla f(x_k) = 0 \tag{5.43}$$

由此可见，最速下降法逼近极小点 $\overline{x}$ 的路线是锯齿形的，当迭代点越靠近 $\overline{x}$，其搜索步长就越小，因而收敛速度越慢，在二维空间的收敛状况如图 5.8 所示。

最速下降法在选择搜索方向上的简易和较广的应用范围使其一直以来作为最基础的一种求解无约束优化问题的解析法。

3. 粒子群优化算法

粒子群算法是一种基于种群的智能算法，种群中每个成员叫做粒子，代表着一个潜在的可行解，而食物的位置则被认为是全局最优解。群体在 D 维解空间上搜

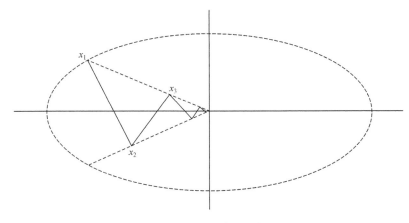

图 5.8　最速下降法示意图

寻全局最优解,并且每个粒子都有一个适应函数值和速度来调整它自身的飞行方向以保证向食物的位置飞行,在飞行过程中,群体中所有的粒子都具有记忆的能力,能对自身位置和自身经历过的最佳位置进行调整。为了实现接近食物位置这个目的,每个粒子通过不断地向自身经历过的最佳位置(pbest)和种群中最好的粒子位置(gbest)学习,最终接近食物的位置。

粒子群算法(PSO)是一种基于迭代模式的优化算法,最初被用于连续空间的优化。在连续空间坐标系中,粒子群算法的数学描述如下。

一个由 m 个粒子(particle)组成的群体在 D 维搜索空间中以一定速度飞行,每个粒子在搜索时,考虑到了自己搜索到的历史最好点和群体内(或邻域内)其他粒子的历史最好点,在此基础上变化位置(位置也就是解)。粒子群的第 i 粒子是由三个 D 维向量组成,其三部分分别为:

目前位置:$x_i = (x_{i1}, x_{i2}, \cdots, x_{iD})$;

历史最优位置:$p_i = (p_{i1}, p_{i2}, \cdots, p_{iD})$;

速度:$v_i = (v_{i1}, v_{i2}, \cdots, v_{iD})$;

其中,$i = 1, 2, \cdots, n$。目前位置被看做描述空间点的一套坐标,在算法每一次迭代中,目前位置 x_i 作为问题解被评价。如果目前位置好于历史最优位置 p_i,那么目标位置的坐标就存在第二个向量 p_i。另外,整个粒子群中迄今为止搜索到的最好位置记为:$p_g = (p_{g1}, p_{g2}, \cdots, p_{gD})$。

对于每一个粒子,其第 d 维($1 \leqslant d \leqslant D$)根据如下等式变化:

$$v_{id} = v_{id} + c_1 \cdot \text{rand}() \cdot (p_{id} - x_{id}) + c_2 \cdot \text{rand}() \cdot (p_{gd} - x_{gd}) \qquad (5.44)$$

$$x_{id} = x_{id} + v_{id} \qquad (5.45)$$

其中,加速常数 c_1 和 c_2 是两个非负值,这两个常数使粒子具有自我总结和向群体中优秀个体学习的能力,从而向自己的历史最优点以及群体内或领域内的全局最优点靠近。c_1 和 c_2 通常等于 2。rand()是在范围[0,1]内取值的随机函数。V_{max} 是常数,限制了速度的最大值,由用户设定。粒子的速度被限制在一个范围 $[-V_{max}, V_{max}]$ 内,即在速度更新公式执行后,有

$$若 \quad v_{id} < -V_{max} \quad 则 \quad v_{id} = -V_{max} \tag{5.46}$$

$$若 \quad v_{id} > V_{max} \quad 则 \quad v_{id} = V_{max} \tag{5.47}$$

粒子群算法流程如下:

步骤 1:初始化。在问题空间的 D 维中随机产生粒子的位置与速度。

步骤 2:评价粒子。对每一个粒子,评价 D 维优化函数的适用值。

步骤 3:更新最优。①比较粒子适用值与它的个体最优值 pbest,如果优于 pbest,则将 pbest 位置设置为当前粒子位置;②比较粒子适用值与群体全体最优值动 gbest,如果目前值好于 gbest,则设置 gbest 位置为前粒子位置。

步骤 4:更新粒子。改变粒子的速度和位置。

步骤 5:停止条件。循环回到步骤 2,直到终止条件满足,通常是满足最优适用值或达到最大的迭代代数。

4. 共轭梯度算法

20 世纪 50 年代初,在求解线性方程组

$$Ax = b \tag{5.48}$$

的过程中,数学家 Hestenes 和 Stiefel 分别提出了共轭梯度算法。而后,科学家 Hestenes 和 Stiefel 所做的工作是开创性的,他们详细讨论了求解线性方程组的共轭梯度法的性质以及它和其他方法的关系。在 A 为对称正定阵时,$Ax = b$ 与最优化问题

$$\min_{x \in R^n} \frac{1}{2} x^T A x - b^T x \tag{5.49}$$

是等价的。由此,Hestenes 和 Stiefel 的共轭梯度法也可用来求解求二次函数的极小值,即后来大家熟悉的 FR 共轭梯度算法。

共轭梯度算法的中心思想就是相邻搜索方向具有共轭性,从而提高算法在接近最优解时的收敛速度。其原因在于,多数函数在其极小值附近的形态与二次函数相似。

共轭梯度法的一般推导过程如下:

设

$$f(x) = \frac{1}{2} x^T A x + b^T x + c \tag{5.50}$$

其中,A 是 $n \times n$ 对称正定矩阵,b 是 $n \times 1$ 向量,c 是实数。f 的梯度为 $g(x) = Ax + b$,令 $d_0 = -g_0$,则 $x_1 = x_0 + \alpha_0 d_0$,由线性搜索性质知 $g_1^T d_0 = 0$。令

$$d_1 = -g_1 + \beta_1 d_0 \tag{5.51}$$

令 β_1 满足 $d_1^{\mathrm{T}} A d_0 = 0$。对上式两边同时乘以 $d_0^{\mathrm{T}} A$，可得

$$\beta_1 = \frac{g_1^{\mathrm{T}} A d_0}{d_0^{\mathrm{T}} A d_0} = \frac{g_1^{\mathrm{T}} (g_1 - g_0)}{d_0^{\mathrm{T}} (g_1 - g_0)} = \frac{g_1^{\mathrm{T}} g_1}{g_0^{\mathrm{T}} g_0} \tag{5.52}$$

以此类推，在第 k 次迭代，取

$$d_k = -g_k + \beta_k d_{k-1} + \sum_{i=0}^{k-2} \beta_i d_i \tag{5.53}$$

使得 $d_k^{\mathrm{T}} A d_i = 0, i = 0, 1, \cdots, k-1$。利用数学归纳法可证

$$g_k^{\mathrm{T}} d_i = 0, \quad i = 0, 1, \cdots, k-1 \tag{5.54}$$

所以，只要 $g_k \neq 0$，则可由式(5.54)求出一个与 $d_0, d_1, \cdots, d_{k-1}$ 关于 A 共轭的下降方向。事实上，$g_k^{\mathrm{T}} d_k = -\| g_k \|$，由式(5.7.9)可是 g_i 是 $d_1, \cdots, d_i$ 的线性组合，再由式(5.54)可得

$$g_k^{\mathrm{T}} g_i = 0, \quad i = 0, 1, \cdots, k-1 \tag{5.55}$$

于是

$$g_k^{\mathrm{T}} A d_i = g_k^{\mathrm{T}} (g_{i+1} - g_i), \quad i = 0, 1, \cdots, k-1 \tag{5.56}$$

在式(5.53)的两边同乘以 $d_i^{\mathrm{T}} A, i = 0, 1, \cdots, k-1$，就得到

$$\beta_i = 0, i = 0, 1, \cdots, k-1 \tag{5.57}$$

$$\beta_k = \frac{g_k^{\mathrm{T}} A d_{k-1}}{d_{k-1}^{\mathrm{T}} A d_{k-1}} = \frac{g_k^{\mathrm{T}} (g_k - g_{k-1})}{d_{k-1}^{\mathrm{T}} (g_k - g_{k-1})} = \frac{g_k^{\mathrm{T}} g_k}{g_{k-1}^{\mathrm{T}} g_{k-1}} \tag{5.58}$$

因此，共轭梯度法的迭代公式为

$$x_{k+1} = x_k + \alpha_k d_k \tag{5.59}$$

$$d_k = \begin{cases} -g_k, & k = 0 \\ -g_k + \beta_k d_{k-1}, & k \geqslant 1 \end{cases} \tag{5.60}$$

式中，g_k 为目标函数 $f(x)$ 在 x_k 点处的梯度；β_k 为标量。

下面我们给出非线性共轭梯度算法的一般结构：

步骤 1：给定 $x_1 \in R^n$，$0 < \varepsilon < 1$，令 $d_1 = -g_1$，$k = 1$；

步骤 2：若 $\| g_k \| \leqslant \varepsilon$，停止，否则，转下一步；

步骤 3：由线搜索确定步长 α_k；

步骤 4：令 $x_{k+1} = x_k + \alpha_k d_k$，计算参数 β_{k+1}，若 $\| g_{k+1} \| \leqslant \varepsilon$，停止，否则转步骤 5；

步骤 5：计算 $d_{k+1} = -g_{k+1} + \beta_{k+1} d_k$

步骤 6：令 $k = k+1$，转步骤 3。

在非线性共轭梯度算法中，参数 β_k 起着关键的作用，不同的参数 β_k 对应于不同的共轭梯度算法。随着众多国内外专家对共轭梯度算法研究的深入，出现了越来越多的共轭梯度公式，以下是一些具有代表性的公式：

$$\beta_k^{\mathrm{FR}} = \frac{\parallel g_k \parallel^2}{\parallel g_{k-1} \parallel^2} \qquad (5.61)$$

$$\beta_k^{\mathrm{PRP}} = \frac{g_k^{\mathrm{T}}(g_k - g_{k-1})}{\parallel g_{k-1} \parallel^2} \qquad (5.62)$$

$$\beta_k^{\mathrm{CD}} = \frac{\parallel g_k \parallel^2}{-d_{k-1}^{\mathrm{T}} g_{k-1}} \qquad (5.63)$$

$$\beta_k^{\mathrm{HS}} = \frac{g_k^{\mathrm{T}}(g_k - g_{k-1})}{d_{k-1}^{\mathrm{T}}(g_k - g_{k-1})} \qquad (5.64)$$

$$\beta_k^{\mathrm{LS}} = \frac{g_k^{\mathrm{T}}(g_k - g_{k-1})}{d_{k-1}^{\mathrm{T}} g_{k-1}} \qquad (5.65)$$

5.3.3　仿真实例与结果分析

1. 基于有限元模型——共轭梯度迭代算法的管道缺陷反演

1)有限元模型

带缺陷管道的有限元模型如图 5.9 所示。该模型用四边形网格进行划分后,将带缺陷区域的部分划分为 n 个与 Z 方向平行的子区域,每个子区域都由很多四边形网格组成,设曲线模型为管道的实际缺陷轮廓,深色四边形网格区域为反演后的缺陷轮廓,每个四边形网格的深度设为 $r_i(0 < r_i < t, t$ 管道厚度),所有 n 个子区域深度作为缺陷重构的矢量参数 $r = \{r_1, r_2, \cdots, r_n\}$。当有限元网格划分越密,反演的缺陷形状参数和实际的缺陷的误差就可能越小,但要付出更多的计算时间。有限元网格的疏密程度根据反演的精度及实用性来选择。

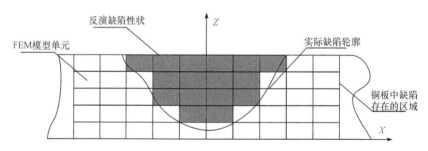

图 5.9　缺陷形状的参数化模型

根据缺陷参数 $r = \{r_1, r_2, \cdots, r_n\}$ 的有限元模型,求解仿真该缺陷周围区域的漏磁场大小。在距离管道上表面 3mm 的高度选择 m 个测量点,设 m 个测量点测量的磁感应强度分别为 $B_j(r)(j = 1, 2, \cdots, m)$,测量点均匀分布在缺陷周围,其个数依据钢板上方空气中网格划分密度而定。网格越密,可得到的节点结果越多,但同时也增加了计算量。测量点的位置和有限元模型中单元节点的位置相重合,这样才有可比较性。

2) 算法推导

设 $V_t(r)$ 为缺陷的实际模型轮廓参数，测得的漏磁场大小为 $B_t(v_t)$。$V(r)$ 为反演后的模型轮廓参数，通过有限元仿真得到磁场大小为 $B(v)$。

实际测量磁场值和反演仿真得到的磁场的均方误差函数

$$E(v) = \int_R |B(v) - B_t(v_t)|^2 \mathrm{d}r \qquad (5.66)$$

其中，R 为 r 的变化空间。管道缺陷反演即迭代出正确的模型轮廓参数 $V(r)$，使得目标函数 $E(v)$ 最小。

根据共轭梯度算法的迭代公式得到第 n 次的反演模型如下：

$$v_n(r) = v_{n-1}(r) - a_n \nabla E(v_{n-1}) \qquad (5.67)$$

其中，$\nabla E(v_{n-1})$ 为 $E(v)$ 的梯度值；a_n 是一个步长参数，告诉我们在 $\nabla E(v)$ 的方向上变化多大来获取下一组模型参量 $V(r)$。从式(5.67)可知，当 $a_n = 0$ 时，$v_n(r) = v_{n-1}(r)$，$B(v_n) = B(v_{n-1})$，将 $B(v_n)$ 关于 $a_n = 0$ 泰勒展开有

$$B(v_n(a_n)) = B(v_{n-1}(a_n)) + a_n \frac{\partial B(v_{n-1}(a_n))}{\partial a_n} + \sigma(a_n^2) \qquad (5.68)$$

忽略高次项，将方程(5.68)代入方程(5.66)，有

$$E(v_n) = \int_R |B(v_n) - B_{\mathrm{obs}}|^2 \mathrm{d}r = \int_R \left| B(v_{n-1}) - B_{\mathrm{obs}} + \frac{\partial B(v_{n-1})}{\partial a_n} \right|^2 \mathrm{d}r$$
$$= E(v_{n-1}) - 2a_n P + a_n^2 Q \qquad (5.69)$$

这里

$$P \equiv \mathrm{Re} \int_R (B(v_{n-1}) - B_{\mathrm{obs}}) * \frac{\partial B(v_{n-1})}{\partial a_n} \mathrm{d}r \qquad (5.70)$$

$$Q \equiv \int_R \left| \frac{\partial B(v_{n-1})}{\partial a_n} \right|^2 \mathrm{d}r \qquad (5.71)$$

令 $E(v_n)$ 对 a_n 求导的结果为 0 得

$$a_n = P/Q \qquad (5.72)$$

要求 a_n，需要求解 $\frac{\partial B}{\partial a_n}$。

在 $v_{n-1}(r)$ 和 $\nabla E(v)$ 不变时，$v_n(r)$ 是 a_n 的函数，$v_n(r)$ 的变化来自 a_n 的变化，记为

$$v_n(r) = a_n \nabla E(v_{n-1}) \qquad (5.73)$$

磁场的大小 $B(v)$ 是 $V(r)$ 的函数。定义函数 $B(v)$ 的 Grateaux 微分：

$$\mathrm{d}B[v_n, \delta v_n] \equiv \int_R \nabla B(v) \delta v_n(r) \mathrm{d}r \qquad (5.74)$$

其中,δv_n 是 v_n 的变化量,将式(5.73)代入式(5.74),获得由于 δa_n 的变化引起的磁场增加:

$$dB[v_n(r),\delta v_n(r)]=-\delta a_n\int_R \nabla B(v)\,\nabla E(v_{n-1})dr\equiv\frac{\partial B}{\partial a}\delta a_n \tag{5.75}$$

上式表明:

$$\frac{\partial B}{\partial a}=-\int \nabla B(v)\,\nabla E(v)dr \tag{5.76}$$

根据有限元缺陷模型,将方程(5.66)、(5.67)、(5.70)和(5.71)离散后分别得到方程(5.77)、(5.78)、(5.79)和(5.80):

$$E=\sum_{i=1}^{m}(B_i(r)-B_{i_t})^2,\quad i=1,2,\cdots,m \tag{5.77}$$

$$v_n(r)=v_{n-1}(r)-a_n\{\partial E/\partial r_j\},\quad j=1,2,\cdots,n \tag{5.78}$$

$$P=-\sum_{i=1}^{m}\left[2(B_i(r)-B_{i_t})\frac{\partial B_i(r)}{\partial a_n}\right] \tag{5.79}$$

$$Q=\sum_{i=1}^{m}\left(\frac{\partial B_i}{\partial a_n}\right)^2 \tag{5.80}$$

$$a_n=P/Q \tag{5.81}$$

可得到

$$\frac{\partial E}{\partial d_j}=\sum_{i=1}^{m}\left[2(B_i(r)-B_{i_t})\frac{\partial B_i(r)}{\partial r_j}\right] \tag{5.82}$$

从方程(5.77)到(5.82)的分析结果可知,实现方程(5.77)迭代的关键在于 $\partial B_i(r)/\partial r_j$ 的求解。

为计算磁感应强度对缺陷矢量的导数,获得新的模型参量,这里根据有限元模型的特点引入差分法来计算 $\partial B_i(r)/\partial r_j$:

$$\partial B_i(r)/\partial r_j=[B_i(r)-B_i(r+\delta r_j n_j)]/\delta r_j \tag{5.83}$$

其中,δr_j 是 r_j 的变化量,在如图 5.9 所示的有限元模型中,与局部网格的细划程度有关。一般取被测钢板厚度划分的最小值。n_j 是在 r_j 方向的单元矢量。在 r 和 δr_j 已知的情况下,$B_i(r)$ 和 $B_i(r+\delta r_j n_j)$ 可分别通过有限元模型求解得到。

综上可知,当梯度采用差分法计算时,方程(5.78)可以实现迭代求解。上述公式为共轭梯度法在漏磁检测参数反演问题迭代中的应用。在实际应用中,为使解空间的搜索具有更好的连续性,共轭梯度法不仅用本次迭代的修改增量,还用到了上次迭代的修改增量来求当前迭代的缺陷模型,迭代公式为

$$v_n(r)=v_{n-1}(r)-a_n f_n(r) \tag{5.84}$$

$$f_n(r)=-\nabla E(v_{n-1})+\beta_n f_{n-1}(r) \tag{5.85}$$

β_n 的取值为

$$\beta_1 = 0, \quad \beta_n = \sum_j \left| \frac{\partial E(v_n)}{\partial r_j} \right|^2 \bigg/ \sum_j \left| \frac{\partial E(v_{n-1})}{\partial r_j} \right|^2, \quad n > 1 \qquad (5.86)$$

2. 基于有限元模型——共轭梯度迭代算法的改进

通过共轭梯度算法求解问题时,常常会陷入局部极值问题中,往往得不到全局最优解,模拟退火法在每一次修改模型的过程中,随机产生一个新的状态模型,然后以一定的概率选择领域中能量值大的状态,可以收敛到全局最优解,所以这里使用全局搜索的模拟退火法和快速搜索的共轭梯度法结合在一起共同完善缺陷反演问题的求解。

模拟退火算法又称为模拟冷却法、统计冷却法、随机松弛法等,其思想最早是由 Metropolis 等借鉴统计热力学中物质退火方法而提出的,是一种新的统计优化方法。1983 年 Kirkparick 等在固体退火过程研究的启示下,以组合优化问题和固体退火过程之间存在的相似性为基础,把 Metropolis 准则引入优化过程中,提出求组合优化问题全局最优解的模拟退火算法。从此,模拟退火算法开始用于求解组合优化问题。

1)模拟退火算法实现

模拟退火算法具有渐进收敛性,在理论上已被证明以概率 1 收敛于全局最优解。该算法与迭代的起始位置的选取无关,即与下面算法中将要用到的初始最优点 x_0 的选取无关。在模拟退火算法中,首先从一个任意解 x_0 开始探测整个解空间,通过扰动此解产生一个新解 x^n,按照 Metropolis 准则判断是否接受新解,并相应地下降控制温度。主要步骤如下:

步骤 1:随机产生一个初始最优点 x_0,以该点作为当前最优点 $x^0 = x_0$,计算目标函数 $f(x_0)$。

步骤 2:初始温度 $T = T_0$,T_0 充分大,降低次数 $n = 0$。

步骤 3:设置循环计数器初值 $k = 1$,最大循环步数 loop_m。

步骤 4:对当前最优点 x_0 作一个随机变动,产生一个新的最优点 x^n;计算目标函数 $f(x^n)$,并:计算目标函数的增量 $\nabla f = f(x^n - x_0)$。

步骤 5:如果 $\nabla f \leqslant 0$,则接受新产生的最优点 x^n,则当前最优点 $x_0 = x^n$。如果 $\nabla f > 0$,计算 $\exp\left(-\frac{\nabla f}{T}\right)$,如果 $\exp\left(-\frac{\nabla f}{T}\right) > \text{rand}(0,1)$,则接受新产生的最优点 x^n,当前最优点 $x_0 = x^n$。否则 x_0 不作改变。

步骤 6:如果 $k < \text{loop}_m$,则 $k = k + 1$,转向第 4 步。

步骤 7:如果不满足收敛准则(此收敛准则为都没有新解产生或者控制参数小到一定程度),则根据温度更新函数 $T = T(n)$ 更新温度,降温次数 $n = n + 1$,转向第 3 步;如果满足收敛准则,则输出当前最优解,算法结束。

2) 与模拟退火结合

为了解决共轭梯度算法的局部极值问题,把模拟退火技术应用到迭代优化算法中,我们定义了一个温度变量 T,经过大量的解变化后,可以求得给定控制参数 T 值时的优化问题相对最优解。然后减小控制参数 T 的值,重复执行上述迭代过程。当控制参数逐渐减小并趋于零时,系统也越来越趋于平衡状态,最后系统状态对应于优化问题的整体最优解。

衰减函数也称为退火策略,常见的退火策略有下面几种:设 T_k 为第 k 次迭代时的温度,则

对数降温:$T_k = a/\log(k+k_0)$

快速降温:$T_k = b/(1+k)$

直线下降:$T_k = (1-K/k) \times T_0$

指数降温:$T_k = \alpha \times T_{k-1}$

四种退火方法的温度下降速度是不一样的,其中指数降温是最常用的一种退火策略,其温度变化很有规律,直接与参数 a 相关,是我们研究的主要对象。a 是一个接近 1 的常数,它的取值决定了降温的过程。小的衰减量可能导致算法进程迭代次数的增加,从而使算法进程接受更多的变换,从而访问更多的邻域,搜索更大范围的解空间,返回更高质量的最终解。同时,由于在 T_k 值上已经达到准平衡,则在 T_{k+1} 时只需少量的变换就可达到准平衡。

模拟退火法与共轭梯度法结合使用来调整迭代过程中的步长参数 a_n,可以加速算法的收敛。

$$E_n = \sum_{i=1}^{m} (B_i(r_n) - B_{i_t})^2, \quad i=1,2,\cdots,m \qquad (5.87)$$

更新缺陷参数 v_{n+1}

$$v_{n+1}(r) = v_n(r) - a_n \{\partial E_n/\partial r_j\}, \quad j=1,2,\cdots,n \qquad (5.88)$$

计算新的目标函数 E_{n+1}

$$E_{n+1} = \sum_{i=1}^{m} (B_i(r_{n+1}) - B_{i_t})^2, \quad i=1,2,\cdots,m \qquad (5.89)$$

若 $E_{n+1} < E_n$,则设

$$a_n \leftarrow a_n \times a_{\text{inc}} \qquad (5.90)$$

若 $E_{n+1} > E_n$,则设

$$a_n \leftarrow a_n \times a_{\text{dec}} \qquad (5.91)$$

其中,a_{inc} 为增量因子;a_{dec} 为下降因子。

3. 迭代反演方法的程序框图与基本步骤

对于采用有限元等数值模型求解非线性问题而言,迭代步数多,计算时间长,

计算量比较大,实现优化过程的自动化十分必要。这里采用 MATLAB 编写了反演问题的优化程序,正演问题的非线性求解采用 ANSYS 实现。迭代算法程序流程图如图 5.10 所示。

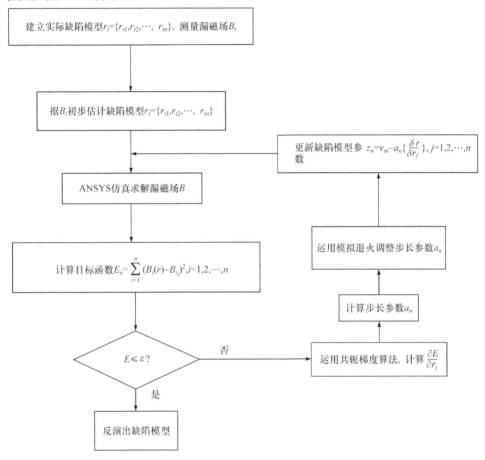

图 5.10　迭代算法程序流程图

1) 迭代反演的基本步骤

(1) 建立实际单组检测器模型,设实际缺陷模型参数 $r_t = \{r_{t1}, r_{t2}, \cdots, r_{tn}\}$,通过高斯测量仪测量管道缺陷上方的漏磁场大小 B_t。

(2) 根据测量的漏磁场信号曲线特点,初步估计缺陷模型尺寸 $r = \{r_1, r_2, \cdots, r_n\}$。

(3) 建立有限元模型,采用四方形单元划分网格,根据被测管道的厚度选择单元边长,确定 δr_i 的大小。仿真求解相应测量点的磁感应强度 $B_i(r)$。

(4) 计算目标函数 $E_n = \sum_{i=1}^{n}(B_i(r_n) - B_{t_i})^2$, $i = 1, 2, \cdots, n$;判断目标函数是否满足小于设定阈值或迭代结果是否不再变化的条件。

(5) 若满足条件,跳到(9);否则运用共轭梯度算法,计算搜索方向 $\{\partial E/\partial r_j\}$。

(6) 计算步长参数 a_n。

(7) 运用模拟退火算法调整步长参数 a_n,加速算法收敛速度,避免陷入局部极值。

(8) 更新缺陷模型参数 $v_{n+1}(r)=v_n(r)-a_n\{\partial E_n/\partial r_j\}$, $j=1,2,\cdots,n$,推出下一步的参数结果 $r_1=\{r_{11},r_{12},\cdots,r_{1n}\}$;跳到(3)。

(9) 所有结果计算完毕,以数值、图形、曲线方式输出结果供观察,并对仿真结果进行评价。

2) 迭代反演参数初始值的选择

大量的研究表明,反演初始值的选择对反演的结果有着非常重要的作用。不同的初始值可能导致反演结果有很大的差异。因此,适当地选择初始值将使得反演结果更加合理,并减小解的不唯一性。

我们根据漏磁场信号的特点,在获取缺陷信号后,先根据缺陷信号的宽度和幅值大致确定缺陷的等效深度和等效宽度,然后依据它们设置缺陷参数初始值。由于信号的宽度能够比较准确地反映实际缺陷的宽度,因此这种初始值选择方法是合理的。

5.3.4　反演结果

1. 共轭梯度算法迭代反演结果

通过共轭梯度算法迭代反演出的反演缺陷漏磁信号与实际测得的缺陷漏磁信号的比较结果,如图 5.11 所示。

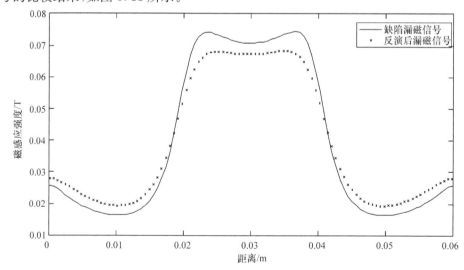

图 5.11　漏磁信号比较结果

2. 共轭梯度模拟退火混合算法迭代反演结果

通过共轭梯度模拟退火混合算法迭代反演出的反演缺陷漏磁信号与实际测得的缺陷漏磁信号的比较结果,如图 5.12 所示。

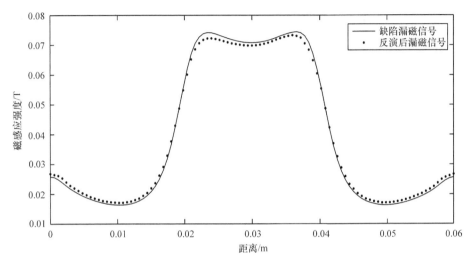

图 5.12　漏磁信号比较结果

3. 仿真对比结果(表 5.1)

表 5.1　仿真对比结果

缺陷参数	共轭梯度迭代反演		共轭梯度模拟退火混合迭代反演	
(长,深)/mm	(长,深)/mm	迭代次数	(长,深)/mm	迭代次数
(20.0,3.0)	(19.2,3.7)	12	(20.2,2.8)	13
(18.0,4.0)	(17.0,4.9)	11	(18.4,3.7)	12
(15.0,5.0)	(14.6,5.8)	14	(15.3,4.9)	15
(12.0,6.0)	(11.4,6.6)	12	(12.1,5.8)	13
(10.0,7.0)	(9.0,7.5)	8	(10.0,6.9)	10
(8.0,3.0)	(7.2,3.6)	9	(8.2,2.9)	10
(5.0,5.0)	(4.5,5.4)	11	(5.0,5.0)	12

通过两种算法的仿真实验结果可以看出:在迭代算法中加入模拟退火可以避免局部极值问题,达到全局最优。共轭梯度模拟退火混合算法的缺陷反演的结果误差均在 10% 以内,与单纯的用共轭梯度算法的反演结果相比,更加准确地反演出缺陷模型的几何参数,反演结果较好。

5.4　基于神经网络直接反演方法

5.4.1　神经网络简介

径向基函数(radical basis function,RBF)是一种在多维空间进行插值的技术,是由 Powell 在 1985 年提出的。三年后,由于发现生物神经元可以进行局部响应,Broomhead 和 Lowe 在设计神经网络时加入了 RBF,得到了 RBF 神经网络。之后,Jackson 证明了 RBF 神经网络可以用来一致逼近非线性连续函数。

RBF 神经网络可归属于一种前向神经网络[9],其结构和多层前向网络相似,它是一种三层的前向网络。第一层是输入层,由信号源结点组成;第二次是隐藏层,隐藏层节点数视实际应用的需要而定,隐藏层中神经元的变换函数即径向基函数是对中心点径向对称且衰减的非负非线性函数,该函数是局部响应函数,而这就不同于传统前向网络变换函数,即全局响应函数;第三层是输出层,它用来响应输入。

RBF 网络的基本思想是用 RBF 作为隐单元的"基"构成隐藏层空间,隐含层对输入矢量进行变换,将低维的模式输入数据变换到高维空间内,使得在低维空间内的线性不可分的问题在高维空间内线性可分。

RBF 神经网络有着结构比较简单、训练比较简洁和较快的学习收敛速度等特点,同时还能逼近任意非线性函数,因此它在非线性控制、模式识别、图形处理、时间序列分析等领域被大量使用着。

1) RBF 神经网络的结构

如图 5.13 所示为 RBF 神经网络的神经元模型。RBF 神经网络的节点函数采用了径向基函数,其通常指的是空间任意一点到某一中心之间的欧几里得距离的单调函数。

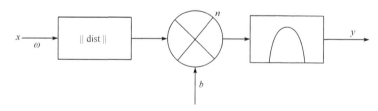

图 5.13　径向基神经元结构

由 RBF 神经网络神经元可轻易得出,RBF 神经网络的激活函数是用 ‖ dist ‖作为自变量的,‖ dist ‖表示权值向量和输入向量之间的距离。因此 RBF 神经网络的激活函数的计算方法为

$$R(\parallel \mathrm{dist} \parallel) = \mathrm{e}^{-\parallel \mathrm{dist} \parallel^2} \tag{5.92}$$

随着权值和输入向量之间距离 $\parallel \mathrm{dist} \parallel$ 的减少,可以看出,网络输出会不断增加,当输入向量和权值向量相同时,神经元的输出为 1。在图 5.13 中的 b 为神经元的阈值,它的变化会影响整个神经元的灵敏度。径向基神经元和线性神经元可以用来组成广义回归神经网络(GRNN),该种神经网络常被应用于函数逼近方面;径向基神经元和竞争神经元可以用来组成概率神经网络,此种神经网络常被用于解决分类问题。

如图 5.14 所示是一般径向基神经网络结构,它是由输入层、隐含层和输出层的神经元组成。在 RBF 神经网络中,输入层只会用来传输信号,与 BP 神经网络相比较,输入层与隐含层之间可被视为连接权值为 1 的连接。因为输出层和隐含层所需要起到的作用不同,所以它们的学习策略也不会一样。输出层用来调整线性权,所以其用的是线性优化策略,学习速度较快。隐含层用来调整激活函数(格林函数或高斯函数,一般取高斯)的参数,所以其用的是非线性优化策略,学习速度较慢。

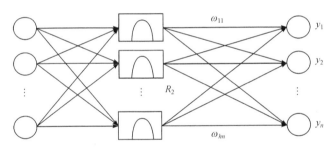

图 5.14 径向基神经网络结构

2) BP 神经网络

BP 神经网络是一种多层前馈神经网络,其神经元的变换函数是 Sigmoid 型函数,因此输出量为 -1 到 1 之间的连续量,它可实现从输入到输出的任意的非线性映射[10]。由于权值的调整采用反向传播(back-propagation)的学习算法,这种算法是一种有导师的训练算法,它在给定输出目标的情况下,按其实际输出与目标输出之差的平方和作为目标函数,通过调节权值使目标函数达到最小值。

BP 网络由输入层、隐含层及输出层组成,其模型如图 5.15 所示。基于 BP 算法的多层网络在模式识别、机器人和语音信号处理等许多领域得到了成功的应用,是目前应用最多、最有效的一种神经网络模型[11]。然而 BP 学习算法的收敛性目前还未得到证明,在某些情况下 BP 算法会收敛到局部极小值,使学习过程失效。在使用 BP 算法之前,网络的层数、各层节点数都必须事先确定。一般来说,网络中单元个数越多,记忆的样本数也越多;层数越多,网络的综合能力就越强,即越能

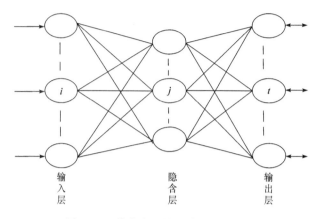

图 5.15　单隐含层前馈神经网络结构

正确地反应过去没有训练过的模式。此外,层数越多,网络的灵敏度也越高,但网络训练和收敛就越困难。据当前研究可知,三层感知器具备最基本形式的综合能力。神经网络的隐含层节点数对网络性能有很大的影响,一般经验是增加隐含层节点数能提高网络预测成功率,但训练时间随之增加,同时考虑到网络的稳健性,网络各级单元数之比不能取得太大,否则不利于训练时的快速收敛。

目前,在人工神经网络的实际应用中,绝大部分的神经网络是 BP 网络和它的变化形式,也是前向网络的核心,体现了人工神经网络的最精华的部分。

BP 神经网络主要应用于函数逼近,即用输入矢量和相应的输出矢量训练一个网络逼近一个函数;模式识别,即用特定的输出矢量将它与输入矢量联系起来;分类,即把输入矢量以定义的合适方式进行分类;数据压缩,即减少输出矢量维数以便于传输与存储[12]。

根据输入特征向量的维数和实际输出确定 BP 神经网络的输入、输出层节点数。特征向量 T 作为神经网络的输入数据,实际的输出作为输出量。

传递函数一般为 $(0,1)$ S 型函数(图 5.16):

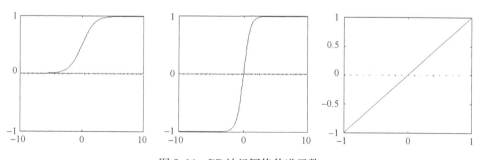

图 5.16　BP 神经网络传递函数

$$f(x) = \frac{1}{1 + \mathrm{e}^{-x}} \tag{5.93}$$

误差函数对第 P 个样本计算公式为

$$E_p = \frac{\sum_i (t_{pi} - y_{pi})^2}{2} \tag{5.94}$$

其中, t_{pi} , y_{pi} 分别为期望输出和网络的计算输出。

BP 神经网络包括信息的正向传递和误差的反向传递,通过不断修正网络 (ω_{ij}, T_{ij}) 的权值和阈值 θ ,使网络输出层的实际输出与期望输出的误差平方和达到最小。BP 网络三层节点表示为输入节点 x_j ,隐节点 O_i ,输出节点 y_i ,输入节点与隐节点的网络权值 ω_{ij} ,隐节点与输出节点间的网络权值为 T_{ij} ,当输出节点的期望输出为 t_l 时,BP 模型的计算公式如下:

隐节点的输出

$$O_i = f\left(\sum_j \omega_{ij} x_j - \theta_i\right) = f(\mathrm{net}_i) \tag{5.95}$$

其中, $\mathrm{net}_i = \sum_j \omega_{ij} x_j - \theta_i$ 。

输出节点的计算输出

$$y_l = f\left(\sum_i T_{li} O_i - \theta_i\right) = f(\mathrm{net}_i) \tag{5.96}$$

其中, $\mathrm{net}_i = \sum_i T_{li} O_i - \theta_i$ 。

输出节点的误差

$$E = \frac{1}{2} \sum_L (t_l - y_l)^2 = \frac{1}{2} \sum_l \left(t_l - f\left(\sum_i T_{li} f\left(\sum_j \omega_{ij} x_j - \theta_i\right) - \theta_l\right)\right)^2 \tag{5.97}$$

5.4.2　网络反演模型

1. RBF 网络模型设计

RBF 神经网络模型设计流程如图 5.17 所示。

1) 数据提取

使用神经网络进行数据反演,可以较为准确地去识别其学习过的数据样本;而对于网络未学习过的数据样本,如果与网络学习过的样本属于一类,数据反演预测的准确程度会很高;否则其反演预测的准确率会很低。由此,提高神经网络数据反演的质量,需要正确地提取数据特征。目前公认较好的在管道漏磁信号中提取的特征数据有:

（1）信号波形的峰谷值，即缺陷信号中的相邻的一对极值之差的绝对值，受缺陷参数影响密切，可用于反演缺陷的长宽深，也可用于减小传感器对信号的影响。

（2）信号幅度阈值所截取的信号长度，即满足某信号强度时，对于点之间的距离，可用于反演缺陷长度和缺陷深度。阈值不会超过任意信号幅度的最大值。

（3）信号的能量，即漏磁信号的二阶中心距，其公式为

$$E = \sum_n^N \{x(t) - \min[x(t)]\}^2 \tag{5.98}$$

（4）信号微分的峰谷距离，即信号变化率的波峰波谷间的距离，可用于反演缺陷的长度。

（5）信号微分的峰谷值，即缺陷微分信号中的相邻的一对极值之差的绝对值，可用于反演缺陷深度。

（6）缺陷信号的周向长度，可用于反演缺陷的宽度。

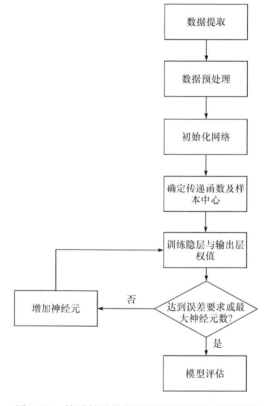

图 5.17　管道缺陷数据 RBF 神经网络反演流程

本次反演采用的 800 组特征数据见表 5.2。

表 5.2 六种缺陷特征数据

	信号峰谷值	阈值信号长度	信号能量	信号微分峰谷距离	信号微分的峰谷值	信号周向长度
1	0.059973	18	0.041785	7	0.050325	11
2	0.02646	22	0.058289	8	0.06285	5
3	0.0608	13	0.162266	6	0.10825	29
...	...	...	...	...	...	...
200	0.071068	27	0.147325	20	0.085144	10
201	0.050325	39	1.424379	31	0.101925	7
...	...	...	...	...	...	...
799	0.093988	21	1.863861	11	0.046	12
800	0.06285	19	1.010953	11	0.04715	25

2）训练数据选择

为了提高 RBF 神经网络的训练质量，在表 5.2 的 800 组数据中，按百分比随机选取了 30% 到 90% 数据作为训练集，以全体 100% 的数据作为测试集，以反演长度为例，设定神经元上限为 150，散布常数为 2，训练 50 次，得到结果见表 5.3。

表 5.3 RBF 网络选用不同比例样本训练的对比

	30%样本	40%样本	50%样本	60%样本	70%样本	80%样本	90%样本
最大绝对误差	43.863	25.565	36.796	24.869	18.869	22.889	19.843
平均绝对误差	32.632	19.756	22.363	17.881	14.968	18.231	12.721
均方误差	63.541	15.366	18.647	14.352	10.563	13.243	9.586
消耗时间	3.338	2.776	3.141	3.620	5.078	4.911	5.078

从表 5.3 中可以看出，随着样本数增多，训练的效果越来越好，在 70% 的数据训练开始，误差稳定在 10 左右（误差没有达到更小是因为限制了神经元数量）。说明了 RBF 网络可以用来进行缺陷反演。综合考虑误差效果和时间，选择表 5.2 中 70% 的数据作为训练样本用于训练。

3）数据预处理

因为 RBF 神经网络是运用监督性训练的神经网络，所以其性能会非常依赖于训练样本的质量。根据局部网络的特性，只有在隐层节点中心的一定范围内的数据才会使 RBF 神经网络产生一定的输出。RBF 神经网络的这种特点虽然使得网络学习收敛速度提高，但同时也造成其对一些数据的反应灵敏度下降。一个复杂的多输入多输出非线性映射，其参数种类极多，量纲相差甚大。而 RBF 网络是一种局部网络，只有在中心附近的数据才有有效输出，训练样本之间的数量级相差过大会干扰它的网络性能。如果将大数量级的参数,如信号距离直接输入到 RBF 网络,可能会使径向基神经元的输出非常小,使得网络训练过程中网络变化很小,使网络难以学习到准确的信息。有些参数的量纲很小,如缺陷能量数据变化很小,网络很难分辨不同数据间的差别。所以要对训练数据进行预处理,将全部样本数据归一化到 -1 和 1 之间,再用来训练网络,能够取得很好的效果。

4) 确定基函数

径向基函数神经元的传递函数有很多种,常见的有高斯函数(radbas)和三角高斯函数(tribas),如图 5.18 和图 5.19 所示。本次反演采用高斯基函数,原因如下:①表示形式简单,即使对于多变量输入也不增加太多的复杂性;②径向对称;③光滑性好,任意阶导数存在;④该基函数表示简单且解析性好,因而便于进行理论分析。采用高斯函数时,径向基神经网络的激活函数可表示为

$$R(x_p - c_i) = \exp\left(-\frac{1}{2\sigma^2} \| x_p - c_i \|^2\right) \tag{5.99}$$

式中,$\| x_p - c_i \|$ 为欧几里得范数;c 为高斯函数的中心;σ 为高斯函数的方差。

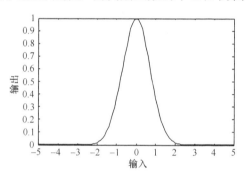

图 5.18　高斯函数输出图

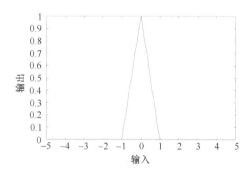

图 5.19　三角高斯函数输出图

5）基函数中心选择方法

基函数中心的选择方法有很多种,如随机选择法、HCM 法、K-均值聚类方法等,其中 K-均值聚类方法相比之下有着耗时短、计算简单和性能优秀的特点。本次反演过程即采用了 K-均值聚类方法,其具体步骤如下:

(1) 网络初始化:随机选取 h 个训练样本作为聚类中心 $c_i(i=1,2,\cdots,h)$。

(2) 将输入的训练样本集合根据最近邻规则分组:按照 x_p 与中心为 c_i 之间的欧氏距离将 x_p 分配到输入样本的各个聚类集合 $\vartheta_p(p=1,2,\cdots,P)$ 中。

(3) 重新调整聚类中心:计算各个聚类集合 ϑ_p 中训练样本的平均值,即新的聚类中心 c_i,如果新的聚类中心不再发生变化,则所得到的 c_i 即为 RBF 神经网络最终的基函数中心;否则返回(2),进入下一轮的中心求解。

6）确定散布常数

散布常数的改变影响径向基函数的宽度。散布函数过大或者过小都会造成模型的不适性:过大时会造成模型结果的准确性急剧下降,过小时会造成模型的过适性。

从表 5.2 中提取 70% 数据作为训练集,100% 数据作为测试集,神经元上限设为 150,散布常数取 0.01、0.1、1、10、100、1000,生成 RBF 网络模型反演长度,训练结果见表 5.4。

表 5.4　RBF 网络选用不同散布常数训练的结果对比

散布常数	平均绝对误差	均方误差
0.01	56.377	78.652
0.1	22.589	36.236
1	10.569	13.524
10	18.634	29.556
100	38.254	50.956
1000	43.141	55.755

在表 5.4 中可以非常明显地看出散布常数的影响,在本书的训练中,散布常数取值范围为 1~10。

7）网络结构与其他

根据径向基神经网络的特点,网络分为输入层、隐层和输出层,共三层网络。其中隐层的神经元个数采用递增法。在最初建立网络时,神经元个数为 0;每次将输出层结果与期望值相比较,不满足要求时,就会增加神经元个数。最终的 RBF 网络模型的隐层结构在最后才会确定。

2. BP 网络模型设计

1）学习方法

上述 BP 网络计算步骤在最初应用广泛,但后来人们发现其有着学习速度慢、易陷入局部极小值等缺点。针对这些问题,诸如可变学习率的梯度下降法、共轭梯度算法等许多改进学习方法被提了出来。经过人们多年的对比,目前最优秀的训练算法被认为是 Levenberg-Marquardt 算法[13]。其有着收敛速度快、训练精度高、计算量较小等特点。

起先人们提出了牛顿法来进行快速优化训练网络,其主要公式为

$$w_{t+1} = w_t - A_t^{-1} g_t \qquad (5.100)$$

式中,g_t 为第 t 次误差性能函数的梯度;A_t 为误差性能函数对第 t 次优化的权值和偏差的 Hessian 矩阵。

由于在优化前向 BP 神经网络时,Hessian 矩阵的计算量过于庞大,人们才提出了其他如 Levenberg-Marquardt 算法等改进型训练优化算法。Levenberg-Marquardt算法的计算思想是:

为避免计算 Hessian 矩阵,在满足一定条件时,Hessian 矩阵可近似认为

$$H = J^T J \qquad (5.101)$$

梯度也可认为是

$$g = J^T e \qquad (5.102)$$

式中,J 为网络误差函数对权值和阈值的 Jacobian 矩阵;e 为网络误差向量。Jacobian 矩阵计算方法比计算 Hessian 矩阵简单得多,由此简化了训练算法的计算量。

其修正权值的计算方式为

$$w_{t+1} = w_t - [J^T J + \mu I]^{-1} J^T e \qquad (5.103)$$

系数 μ 每次迭代都会发生变化,其过小时,会使整体效果趋近于牛顿法;过大时,效果趋近于普通梯度下降法。通过每次迭代调整系数 μ,误差性能函数会逐渐降低到极小值。

本次管道数据反演中,为了保证神经网络的训练质量最好、速度最快,选用了Levenberg-Marquardt算法进行网络训练步骤。

2）BP 网络的反演流程

以 BP 神经网络的生成步骤为基础,结合管道漏磁信号反演,得到基于 BP 神经网络的反演过程:

（1）提取通过现场试验或者正演分析得到的管道漏磁数据的样本特征,作为BP 神经网络的输入和输出数据;

（2）初始化 BP 神经网络,即将隐层结构、权值和阈值等初始化,将特征数据归一化;

（3）输入数据样本,计算出 BP 网络各层输出和反向传播误差;

（4）根据反向传播误差更新 BP 网络的权值、阈值等参数；

（5）使用更新后的 BP 网络运行步骤（3），当达到设定的指标或者最大训练次数时，停止运行，并将当前的 BP 网络参数保存；

（6）使用验证数据来评估生成的 BP 网络的反演效果。

BP 神经网络反演流程如图 5.20 所示。

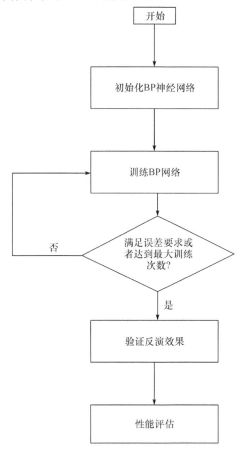

图 5.20　管道缺陷数据 BP 网络反演流程

5.5　基于支持向量机直接反演法

5.5.1　支持向量机简介

1. 统计学习理论基础

统计学习理论从控制学习机器复杂度的思想出发，提出了结构风险最小化原则，使学习机器处于可容许的经验风险范围内，总是采用具有最低复杂度的函数集。目前统计学习理论在理论上已经较为成熟,为解决小样本学习问题提供了统一的框架,其核心理论是 VC 维,用它来描述学习机器复杂度,并推导出学习机器推广能力的界的理论[14]。

1) VC 维

VC 维的定义为:对于一个指示函数集,如果存在 h 个样本的样本集能够被函数集中的函数按照所有可能的 2^h 种形式分开,则称函数集能够把样本数为 h 的样本集打散;这个指示函数集的 VC 维就是它能够打散的最大样本集的样本数目 h。若对于任意数目的样本,都存在函数集能将其打散的样本集,则称函数集的 VC 维是无穷大。

VC 维是统计学习理论中的一个核心概念,也是目前为止对函数的最好描述指标。VC 维反映了函数集的学习能力,VC 维越大,则学习机器越复杂,即容量越大。目前,没有较通用的关于任意函数集 VC 维的计算理论,只知道一些特殊函数的 VC 维。对线性函数来说,VC 维等于自由参数的个数,但是这一规律对一般情况并不成立。一般来说,函数集的 VC 维与其自由参数的个数不同,对于一些比较复杂的学习机器,其 VC 维的确定更加困难,因为它除了与函数集有关以外,还受学习算法等的影响。但是,在实际应用统计学理论时,可以通过变通的办法巧妙地避开直接求 VC 维的问题。

2) 推广性的界

对于两类分类问题对指示函数集中的所函数,经验风险和实际风险之间至少以 $1-\eta$ 的概率满足如下关系:

$$R(\alpha) \leqslant R_{emp}(\alpha) + \sqrt{\frac{h(\ln(2n/h)+1)-\ln(\eta/4)}{n}} \qquad (5.104)$$

式中,h 为函数集的 VC 维;n 为训练样本数。

对于一个特定的问题,其样本数 n 是固定的,此时学习机器的 VC 维 h 越高,n/h 就越小,则置信范围越大,导致真实风险与经验风险之间可能的差越大。因此,设计机器学习方法,不仅要使经验风险最小,还要尽量使 VC 维 h 最小,从而缩小置信范围,使期望风险最小,这样对未来样本会有更好的推广能力。

3) 结构风险最小化原则

从推广性的界的讨论发现,传统机器学习方法中普遍采用的经验风险最小化原则在样本数目有限时是不合理的,但需要同时保证经验风险和置信区间最小化。为此,引进结构风险最小化原则。

结构风险最小化原则,也称 SRM 原则,其基本思想是首先把函数集 $S = \{f(x,\alpha), \alpha \in \wedge\}$ 分解为满足如下条件的函数子集序列:

(1) 按 VC 维大小排列：
$$h_1 \leqslant h_2 \leqslant \cdots \leqslant h_k \leqslant \cdots h_n$$
(2) 按函数子集的包含关系：
$$S_1 \subset S_2 \subset \cdots \subset S_k \subset \cdots \subset S_n$$

使得同一个子集置信范围相同,且对于每一个函数子集而言,寻找最小经验风险随着子集复杂度增加而减少。选择经验风险与置信范围之和最小的子集 S^* ,就可以达到期望风险最小,即子集 S^* 中使经验风险最小的函数就是所求的最优函数。

2. 支持向量机理论简介

支持向量机是利用在高维特征空间中假设的空间线性函数来解决问题的一种学习系统[15]。它从最优化理论出发,得到它的学习算法,进而得到学习的偏差最终优化的目标。换句话说,支持向量机可被认为在高维输入空间求值的最大分类间隔超平面。在低维空间线性不可分的样本通过非线性映射转化到线性可分的高维空间中,由此在高维空间中使用线性算法去线性分析样本的非线性特征。

要逼近想解决的问题的真实模型,必须在机器学习时选好一个较好的近似模型。通常用分类器在样本数据上的分类结果与真实结果之间的差值来表示两个模型之间的误差积累。经验风险最小化是传统的机器学习的追求目标。而且在样本集上相当数量的分类函数可以达到很高的正确率,但其真实的分类和预测效果并不好,具有很差的泛化能力。为了克服这一缺点,泛化误差界的概念被引进了统计学习。

经验风险和置信风险共同构成了真实风险,前者是在给定样本上,分类器的五彩的表示形式;后者则是在未知样本上,分类器分类性能的信任程度的表示形式。样本的数量和分类函数的 VC 维决定了置信风险,要想得到更为正确的学习结果,就要给定更多的样本,置信风险也就越小;反之,越大的 VC 维,就会导致越差的推广能力,置信风险也会越大,泛化误差界的公式为

$$R(w) \leqslant \text{Remp}(w) + \phi(n/h) \tag{5.105}$$

式中,$R(w)$ 为真实风险;$\text{Remp}(w)$ 为经验风险;$\phi(n/h)$ 为置信风险。

这样进行统计学习的目的就发生了变化:求解最小的经验风险变成了求解最小的经验风险与置信风险两者的和。支持向量机正是用来求解最小的结构风险的一种算法。

设大小为 N 训练样本由两个类别组成,如果属于第一类,则标记为正,如果不属于第一类,标记为负。为了最大限度地将两种类别分开,机器学习构造一个判别函数。训练样本集有线性和非线性两种情况,下面对两种情况分别进行说明。

1) 训练样本集为线性的情况

若正负样本可以由线性超平面 $f(x)=w \cdot x+b=0$ 分开,且对于正负样本分别有 $f(x)=w \cdot x+b \geqslant 1$ 和 $f(x)=w \cdot x+b \leqslant -1$,其中,$w \cdot x$ 是 $w \in R^n$ 和 $x \in R^n$ 两个方向的内积。如果 2Δ 两个超平面 $f(x)=1$ 与 $f(x)=-1$ 之间的距离,那么距离 Δ 就是分类间隔$\left(\Delta=\dfrac{1}{\|w\|}\right)$。

图 5.21 就是线性可分的情况,圆和三角形分别代表了两类样本点。通过图形可以发现,有很多的线性超平面可以将这组样本分开,但是有且只有一个超平面使两类样本点的间隔最大。

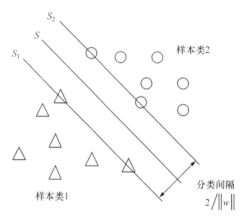

图 5.21　支持向量机线性超平面

$w \cdot x+b=0$ 对应的直线就是具有最大分类间隔的超平面,这个超平面就叫做最优分离超平面。实际上,寻找出最优分离超平面就是支持向量机的目标。最优超平面 $w \cdot x+b=0$ 应满足

$$w \cdot x+b \geqslant 1, \quad y_i=1 \tag{5.106}$$

$$w \cdot x+b \leqslant -1, \quad y_i=-1, \quad i=1,2,\cdots,N \tag{5.107}$$

上式也可以表示成

$$y_i(w \cdot x+b) \geqslant 1, \quad i=1,2,\cdots,N \tag{5.108}$$

使 $\dfrac{2}{\|w\|}$ 最大化求解最优化超平面。如果样本不是完全线性可分的,则需要引入非负松弛变量 $\xi_i(i=1,2,\cdots,N)$。则分类超平面的最优化即学习的最优化目标函数和约束条件可以描述为

$$\min_{w,b,\xi} \frac{1}{2} \parallel w \parallel^2 + C \sum_{i=1}^{N} \xi_i$$
$$\text{s. t. } y_i(w \cdot x + b) \geqslant 1 - \xi_i \qquad\qquad (5.109)$$
$$\xi_i \geqslant 0, \quad i = 1, 2, \cdots, N$$

式中,C 是惩罚因子,一般取正常数,对错误分类的惩罚与惩罚因子成正比。采用拉格朗日乘子法求解这个具有线性约束的二次规划问题,拉格朗日函数定义如下:

$$L = \frac{1}{2} \parallel w \parallel^2 + C \sum_{i=1}^{N} \xi_i - \sum_{i=1}^{N} \alpha_i [y_i(w \cdot x_i + b) - 1 + \xi_i] - \sum_{i=1}^{N} \beta_i \xi_i$$
$$(5.110)$$

式中,$\alpha_i \geqslant 0, \beta_i \geqslant 0 (i=1,2,\cdots,N)$ 是拉格朗日乘子,由此得出

$$\frac{\partial L}{\partial w} = 0 \Rightarrow \sum_{i=1}^{N} \alpha_i y_i x_i \qquad\qquad (5.111)$$

$$\frac{\partial L}{\partial b} = 0 \Rightarrow \sum_{i=1}^{N} \alpha_i y_i = 0 \qquad\qquad (5.112)$$

$$\frac{\partial L}{\partial \xi_i} = 0 \Rightarrow C - \alpha_i - \beta_i = 0 \qquad\qquad (5.113)$$

把上式代入定义式后便得到对偶条件优化问题:

$$\min_{\alpha} \sum_{i=1}^{N} \alpha_i - \frac{1}{2} \sum_{i=1}^{N} \alpha_i \alpha_j y_i y_j x_i x_j$$
$$\text{s. t. } 0 \leqslant \alpha_i \leqslant C, \quad i = 1, 2, \cdots, N \qquad\qquad (5.114)$$
$$\sum_{i=1}^{N} \alpha_i y_i = 0$$

式中,α_i 是对偶条件优化的拉格朗日乘法的系数,训练样本与 α_i 是一一对应。α_i 的取值可以为 $\alpha_i = 0, 0 < \alpha_i < C$ 或者 $\alpha_i = C$。$0 < \alpha_i < C$ 与 $\alpha_i = C$ 所对应的 x_i 为支持向量,且 $0 < \alpha_i < C$ 对应的 x_i 为标准支持向量,而 $\alpha_i = C$ 对应的 x_i 为边界支持向量。

支持向量机问题是凸集问题[16]。Karush-kuhu-Tucker 条件(KKT 条件)是凸集问题的充要条件,满足此条件时,拉格朗日乘子与约束的积等于 0,所以任意一个标准支持向量 x_i 必须满足以下条件:

$$y_i(w \cdot x + b) = 1 \qquad\qquad (5.115)$$

从而计算参数表示成

$$b = y_i - wx_i = y_i - \sum a_j y_j x_j x_i$$
$$x_i \in \text{NSV} \qquad\qquad (5.116)$$

为保证计算可靠性,首先分别计算全部标准支持向量 b 的值,而后求出平均

值,即

$$b = \frac{1}{N_{\text{NSV}}} \left(\sum_{x_i \in \text{NSV}} y_i - \sum_{x_j \in \text{SV}} \alpha_j y_j x_j \cdot x_i \right) \tag{5.117}$$

式中,N_{NSV} 为标准支持向量的个数。对分类进行判别的函数如下式:

$$y(x) = \text{sgn} \Big[\sum_{x_j \in \text{SV}} \alpha_i y_j x_j \cdot x + b \Big] \tag{5.118}$$

式中,sgn[]为符号函数。

2) 训练样本集为非线性的情况

对于训练集为非线性的情况,其做法是:把输入空间的数据通过一个非线性映射 ϕ 映射到一个高维的特征空间 H 中[17]。非线性支持向量机通过构造一个能够使两类样本在特征空间中类间间隔最大的超平面来进行分类[18]。设特征空间 H 中的分类超平面为

$$w \cdot \phi(x) + b = 0 \tag{5.119}$$

由此求解最优化超平面时需要使两类样本的类间间隔 $\dfrac{2}{\|w\|}$ 最大化。若出现样本在特征空间中不完全线性可分的情况,需要引入非负松弛变量 $\xi_i (i = 1, 2, \cdots, N)$。则分类超平面的最优化问题即学习的最优目标函数和约束条件描述为

$$\begin{aligned} &\min_{w, b, \xi} \frac{1}{2} \|w\|^2 + C \sum_{i=1}^{N} \xi_i \\ &\text{s. t.} \quad y_i (w \cdot \phi(x) + b) \geqslant 1 - \xi_i \\ &\qquad \xi_i \geqslant 0, \quad i = 1, 2, \cdots, N \end{aligned} \tag{5.120}$$

式中,惩罚因子 C 是正的常数,对错误分类的惩罚与惩罚因子成正比。求解这个具有线性约束的二次规划问题时,采用的是拉格朗日乘子法,即

$$\begin{aligned} &\max W(\alpha) = \sum_{i=1}^{N} \alpha_i - \frac{1}{2} \sum_{i,j=1}^{N} a_i a_j y_i y_j k(x_i, x_j) \\ &\text{s. t.} \quad 0 \leqslant \alpha_i \leqslant C, \quad i = 1, 2, \cdots, N \\ &\qquad \sum_{i=1}^{N} a_i y_i = 0 \end{aligned} \tag{5.121}$$

式中,$k(x_i, x_j) = \phi(x_i) \cdot \phi(x_j)$ 是核函数。

对分类器进行判别的函数如下式:

$$y(x) = \text{sgn} \Big[\sum_{x_j \in \text{SV}} \alpha_i y_i k(x_j, x) + b \Big] \tag{5.122}$$

式中,分类阈值 b 由下式求出:

$$b = \frac{1}{N_{\text{NSV}}} \left(\sum_{x_i \in \text{NSV}} y_i - \sum_{x_j \in \text{NSV}} a_i y_i k(x_j, x_i) \right) \tag{5.123}$$

5.5.2　支持向量机反演过程

使用支持向量机进行管道数据反演步骤如下：

（1）提取通过现场试验或者正演分析得到的管道漏磁数据的样本特征，将特征数据组作为 SVM 的输入，管道缺陷属性数据作为输出；

（2）归一化输入输出数据，使它们处于－1 到 1 之间；

（3）确定 SVM 的核函数和相关参数，开始对 SVM 进行训练；

（4）输入数据样本，计算出训练结果误差，如不满足要求，重新设置参数，返回第（3）步进行；

（5）使用未参与训练的验证数据来评估 SVM 反演效果，如不满足要求，可继续返回第（3）步进行调整。

SVM 缺陷反演流程图如图 5.22 所示。

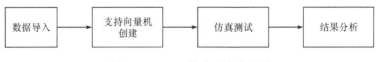

图 5.22　SVM 缺陷反演流程图

5.6　基于随机森林的直接反演方法

5.6.1　决策树简介

1. 决策树

决策树（decision tree）学习是一种用于归纳的学习算法，它是以实例为基础的。其能从一组无序、无规则的事例中推理出用树表示形式的分类规则。决策树也可以表示成多个 if-then 的判断方式。一般决策树会采用自顶向下的递归方式，将搜索空间分解为若干个互不相交的子集，在决策树内部节点（非叶子节点）进行比较属性值，并根据不同的属性值判断从该节点向下的分支，在树的叶节点得到结论[19]。

决策树通过把样本实例从根节点排列到某个叶子节点来对其进行分类。树上的每个非叶子节点代表对一个属性取值的测试，其分支就代表测试的每个结果；而树上的每个叶子节点均代表一个分类的类别，树的最高层节点是根节点。

决策树是一个类似流程图的树形结构，采用自顶向下的递归方式，从树的根节点开始，在它的内部节点上进行属性值的测试比较，然后按照给定实例的属性值确定对应的分支，最后在决策树的叶子节点得到结论。这个过程再用新的节点为根的子树上重复。

图 5.23 表示决策树的结构示意图。图中可见,每个非叶子节点代表训练集数据的输入属性,节点之间连线代表属性对应的值,叶子节点代表目标类别属性的值。

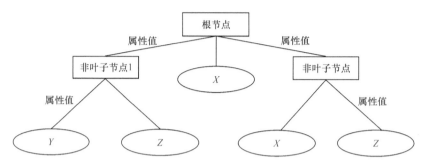

图 5.23　决策树的结构图

1) ID3 算法

虽然到现在已有很多种生成决策树的算法,但是 Quinlan 提出的 ID3(iterative dichotomic version 3)算法依旧在国际学习算法领域上颇有影响力[20]。ID3 算法的创新性体现在决策树算法中加入了信息论中互信息的概念,即信息增益(information gain),并将其视为属性选择的标准。

属性 A 对于集合 S 的信息增益 Gain(S,A) 的表达式为

$$\text{Gain}(S,A) = \sum_{v \in V(A)} \frac{|S_v|}{|S|} \left(\sum_{i=1}^{c} - p_i \log_2 p_i \right) \tag{5.124}$$

$$\text{Gain}(S,A) = \sum_{v \in V(A)} \frac{|S_v|}{|S|} \left(\sum_{i=1}^{c} - p_i \log_2 p_i \right) \tag{5.125}$$

其中,$V(A)$ 为属性 A 的值域;S_v 为集合 S 中在属性 A 上值等于 v 的子集。

ID3 算法的基本流程如下:

创建决策树的根节点 N;

若所有样本均属于同一类别 C,则返回 N 作为一个叶子节点,并标志为 C 类别;

若属性表为空,则返回 N 作为一个叶子节点,并标志为该节点所含样本中类别最多的类别;

计算各个候选属性的信息增益,选择最大的信息增益对应的属性,标记为根节点 N;

根据属性值域中的每个值 V_i,从根节点 N 产生相应的一个分支,并记 S_i 为样本集合中满足值域为 V_i 的样本子集合;

若 S_i 为空,则将相应的叶子节点标志为样本集合中类别最多的类别;否则,将该属性从属性列表中删除,返回递归创建子树。

2) C4.5 算法

对于 ID3 算法存在的一些缺点,包括其作者 Quinlan 的许多学者都做了大量研究。C4.5 算法是 ID3 算法的改进算法,相比于 ID3 算法的改进[21],主要部分如下。

(1) 引进新的属性选择法。

信息增益率在 C4.5 中被用来选择属性。信息增益率由信息增益和分裂信息量共同定义,其表达式为

$$\text{GainRatio}(S,A) = \frac{\text{Gain}(S,A)}{\text{SplitInformation}(S,A)} \tag{5.126}$$

其中,分裂信息量的表达式为

$$\text{SplitInformation}(S,A) = \sum_{i=1}^{c} \frac{|S_i|}{|S|} \log_2 \frac{|S_i|}{|S|} \tag{5.127}$$

采用信息增益率作为选择分支属性的标准,避免了 ID3 算法使用信息增益时造成偏向选择数值多的属性的错误。

(2) 优化过拟合问题。

针对生成树出现过拟合的情况,剪枝方法被提出,一般分为先剪枝和后剪枝两种方法。

先剪枝方法通过提前停止树的构造,例如,决定在某个节点不再分裂,而对树进行剪枝。一旦停止,该节点就变为叶子节点,该叶子节点可以取它所包含的子集中类别最多的类作为节点的类别。

后剪枝的基本思路是对完全成长的树进行剪枝,通过删除节点的分支,并用叶子节点进行替换,叶子节点一般用子集中最频繁的类别进行标记。

悲观剪枝法(pessimistic pruning)是 Quinlan 在 1987 年提出的,是后剪枝方法的一种。它使用训练集生成决策树,并用训练集进行剪枝,不需要独立的剪枝集。悲观剪枝法的基本思路是:若使用叶子节点代替原来的子树后,误差率能够下降,则就用该叶子节点代替原来的子树。

3) CART 算法

CART(classification and regression tree)即分类回归树,是在 1984 年由 Brieman、Friedman、Olshen 和 Stone 四位美国学者提出的。CART 生成的树是二叉树。因此相比其他树的形式,CART 算法生成的树不会产生过多的数据碎片。其既能处理离散型数据,也能处理连续数据。

(1) 分类树。

CART 分类树用的是另外一个指标-基尼指数。假设一共有 k 个类,样本属于第 k 类的概率是 p_k,则概率分布的基尼指数定义为

$$\text{Gini}(p) = \sum_{k=1}^{K} K p_k (1 - p_k) = 1 - \sum_{k=1}^{K} K p_k^2 \tag{5.128}$$

对于二类分类问题,若样本属于正类的概率为 p,则基尼指数为

$$\text{Gini}(p) = 2p(1-p) \tag{5.129}$$

对于给定的样本集合 D,其基尼指数定义为

$$\text{Gini}(D) = 1 - \sum_{k=1} K(|C_k| |D|)^2 \tag{5.130}$$

其中,C_k 是 D 中属于第 k 类的样本子集。

如果样本集合 D 被某个特征 A 是否取某个值分成两个样本集合 D_1 和 D_2,则在特征 A 的条件下,集合 D 的基尼指数定义为

$$\text{Gini}(D,A) = |D_1| |D| \text{Gini}(D_1) + |D_2| |D| \text{Gini}(D_2) \tag{5.131}$$

$\text{Gini}(D)$ 反映的是集合 D 的不确定程度,跟熵的含义相似。$\text{Gini}(D,A)$ 反应的是经过特征 A 划分后集合 D 的不确定程度。所以决策树分裂选取 Feature 的时候,要选择使基尼指数最小的 Feature。

(2) 回归树。

假设 X 和 Y 分别为输入和输出变量,Y 为连续变量,训练数据集 D 为

$$D = \{(X_1, y_1), (X_2, y_2), \cdots, (X_3, y_3)\} \tag{5.132}$$

一个回归树对应着输入空间的一个划分以及在划分的单元上的输出值。加入已经将输入空间划分为 M 个单元 $R_1, R_2, \cdots, R_m$,在每个单元 R_m 上有个固定的输出 cm,则回归树表示为

$$f(X) = \sum_{m=1} McmI(X \in R_m) \tag{5.133}$$

问题是如何对输入空间进行划分。一般采用启发式的思路,选择第 j 个 Feature X_j 和其取值 s 分别作为切分变量和切分点,并定义两个区域:

$$R_1(j,s) = \{X | X_j < s\}, \quad R_2(j,s) = \{X | X_j > s\} \tag{5.134}$$

然后采用平方误差损失求解最优的切分变量 j 和切分点 s。

$$\min j, s\left[\min c_1 \sum X_i \in R_1(j,s)(y_i - c_1)^2 + \min c_2 \sum X_i \in R_2(j,s)(y_i - c_2)^2\right] \tag{5.135}$$

每一个切分变量和切分点对 (j,s) 都将输入空间分成两个区域,然后分别求每个区域的输出值,使得误差最小,很显然输出值应该是那个区域所有样本值的平均值,然后从 (j,s) 里找出使总误差最小的作为最终的切分变量和切分点,对切分后的子区域重复这一步骤。

2. 决策树数据反演过程

使用决策树进行反演的步骤如下:

(1) 提取通过现场试验或者正演分析得到的管道漏磁数据的样本特征,作为决策树的输入数据;

(2) 将数据根据决策树规则进行条件划分,得到决策树反演模型;

（3）训练数据代入生成的决策树模型，如不满足误差要求，调整树深，重新生成另一个决策树模型；

（4）将未参加训练的数据代入决策树模型中，评估其反演效果。

决策树反演流程图如图 5.24 所示。

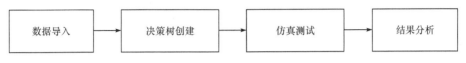

图 5.24　决策树反演流程图

5.6.2　随机森林

在当今的现实生活中存在着很多种微信息量的数据，如何采集这些数据中的信息并进行利用，成为数据分析领域里的一个新的研究热点。随机森林以它自身固有的特点和优良的分类效果在众多的机器学习算法中脱颖而出。

随机森林算法由 Leo Breiman 和 Adele Cutler 提出，该算法结合了 Breiman 的"Bootstrap aggregating"思想和 Ho 的"Random subspace"方法[22]。其实质是一个包含多个决策树的分类器，这些决策树的形成采用了随机的方法，因此也叫随机决策树。随机森林中的树之间是没有关联的。当测试数据进入随机森林时，其实就是让每一棵决策树进行分类，最后取所有决策树中分类结果最多的那类作为最终的结果。因此随机森林是一个包含多个决策树的分类器，并且其输出的类别是由个别的决策树输出的类别的众数而定。

1. 随机森林算法

1）Bootstrap 法重采样

设集合 S 中含有 n 个不同的样本 $\{x_1, x_2, \cdots, x_n\}$，若每次有放回地从集合 S 中抽取一个样本，一共抽取 n 次，形成新的集合 S'，集合 S' 中不包含某个样本 $x_i(i=1,2,\cdots,n)$ 的概率为

$$p = \left(1 - \frac{1}{n}\right)^n \tag{5.136}$$

当 $n \to \infty$ 时，有

$$\lim_{n \to \infty} p = e^{-1} \approx 0.368 \tag{5.137}$$

因此，虽然新集合 S' 的样本总数与原集合 S 的样本总数相等于 n，但由于是有放回地抽取，新集合中可能包含了重复的样本。若除去重复的样本，新集合中仅包含了原集合中的约 63.2%（1−0.368×100%）的样本。

2）Bagging 算法概述

Bagging(Bootstrap aggregating)算法是最早的集成学习算法，其基本思路按

照以下步骤进行：

利用 Bootstrap 方法重采样，随机产生 T 个训练集 $S_1,S_2,\cdots,S_T$；

利用每个训练集，生成对应的决策树 $C_1,C_2,\cdots,C_T$；

对于测试集样本 X，利用每个决策树进行测试，得到对应的类别 $C_1(X)$，$C_2(X),\cdots,C_T(X)$；

采用投票的方法，将 T 个决策树中输出最多的类别作为测试集样本 X 所属的类别。

3）随机森林的算法流程

随机森林算法和 Bagging 算法相似，也是使用 Bootstrap 方法重采样，产生多个训练集。不同的是，随机森林算法在构建决策树的时候，采用了随机选取分裂属性集的方法。详细的随机森林算法流程如下：

（1）利用 Bootstrap 方法重采样，随机产生 T 个训练集 $S_1,S_2,\cdots,S_T$；

（2）利用每个训练集，生成对应的决策树 $C_1,C_2,\cdots,C_T$。在每个非叶子节点上选择属性前，从 M 个属性中随机抽取 m 个属性作为当前节点的分裂属性集，并以这 m 个属性中最好的分裂方式对该节点进行分裂（$0<m\leqslant M$）；

（3）每棵树都完整生长，不进行剪枝；

（4）对于测试集样本 X，利用每个决策树进行测试，得到对应的类别 $C_1(X)$，$C_2(X),\cdots,C_T(X)$；

（5）采用投票的方法，将 T 个决策树中输出最多的类别作为测试集样本 X 所属的类别。

2. 随机森林反演过程

使用随机森林进行反演的步骤如下：

（1）提取通过现场试验或者正演分析得到的管道漏磁数据的样本特征，作为随机森林的输入数据；

（2）将数据按 Bootstrap 方法重采样，生成对应的决策树，得到随机森林反演模型；

（3）训练数据代入生成的随机森林模型中，如不满足误差要求，调整决策树的数量，重新生成随机森林模型；

（4）将未参加训练的数据代入随机森林模型中，评估其反演效果。

随机森林反演流程图如图 5.25 所示。

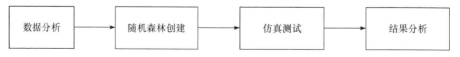

图 5.25　随机森林反演流程图

5.7　仿真实例与结果分析

5.7.1　神经网络反演结果

1. BP 神经网络

本次管道数据 BP 网络反演使用了 MATLAB 软件中的 newff 工具箱。网络设置成三层神经网络,隐含层神经元个数根据经验公式设置为 10～15 个,隐层传递函数选用的是 tan-sigmoid 函数,输出层函数选用的是线性 purelin 函数,学习方法选用默认 trainLM 模式,性能指标选用的是均方误差,得到结果如图 5.26 所示。

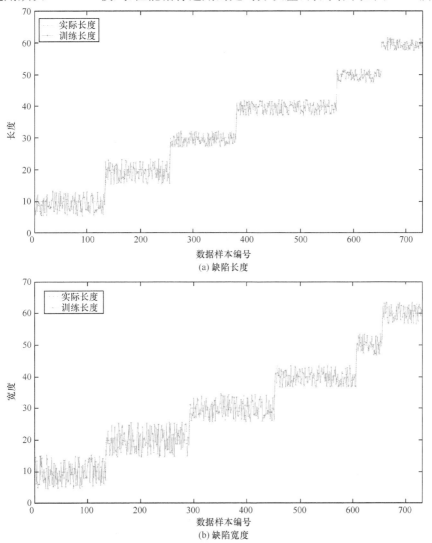

(a) 缺陷长度

(b) 缺陷宽度

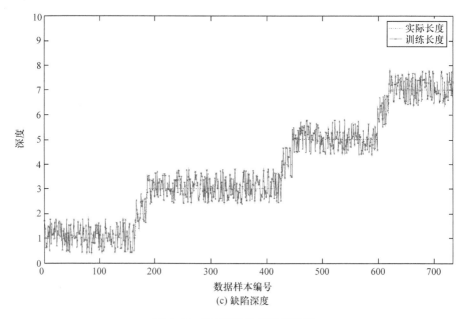

(c) 缺陷深度

图 5.26　BP 网络数据训练结果

图中是经过参数调优和网络训练后得到的较优的 BP 网络模型的验证情况，最后选用神经元个数分别为 12 个、14 个和 12 个。其中，长度反演的性能指标（MSE）最终为 2.897，宽度反演的性能指标最终为 6.591，深度反演的性能指标最终为 0.638。最终结果长度的平均误差为 4.127mm，宽的误差为 7.651mm，深的误差为 0.766mm，皆满足要求。

从图中可以看出，BP 网络对于反演较大缺陷时效果比较好，对小缺陷效果一般。

2. RBF 神经网络

本次管道数据 RBF 网络反演使用了 MATLAB 软件中的 newrbe 工具箱。RBF 网络设置时径向基神经元传递函数为高斯函数；性能指标选用的是均方误差，目标分别设置为 0.1，0.1，0.01；径向基神经元个数阈值为 2000，散布常数取值范围为 1 到 10，得到结果如图 5.27 所示。

图中是经过参数调优和网络训练后得到的较优的 RBF 网络模型的验证情况，最后每个模型使用的神经元个数分别为 480 个、630 个和 890 个。其中，长度反演的性能指标（MSE）最终为 1.145，宽度反演的性能指标最终为 4.361，深度反演的性能指标最终为 0.342。最终结果长度的平均误差为 1.261，宽的误差为 4.378，深的误差为 0.512，皆满足要求。

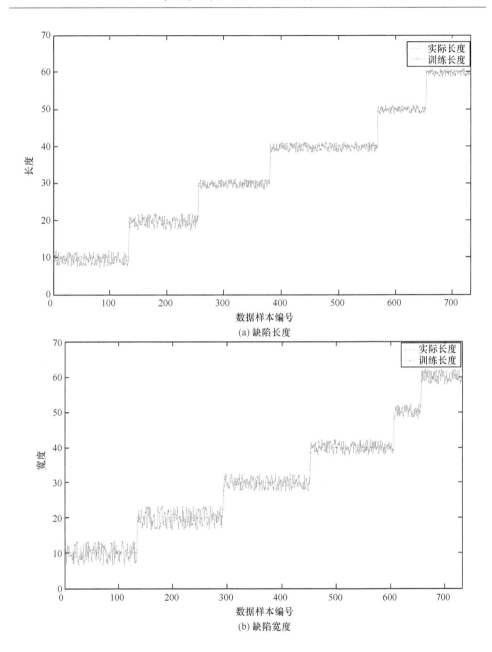

(a) 缺陷长度

(b) 缺陷宽度

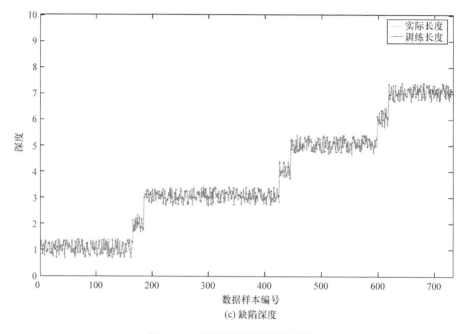

图 5.27　RBF 网络数据训练结果

可以看出,RBF 网络效果好于 BP 网络,其对于反演大尺寸缺陷时误差很低,对小尺寸缺陷部分时误差也可满足要求。

5.7.2　支持向量机反演结果

本次 SVM 缺陷反演使用了 libsvm 工具箱。根据前文方法得到的最优参数,设置 SVM 模型的惩罚系数 C、ε 和核参数 σ 分别对应的-c、-g、-p 参数,使用相关数据进行训练,性能指标选用的依旧是均方误差,训练结果如图 5.28 所示。

图中是经过训练后得到的较优的 SVM 网络模型的验证效果。其中,长度反演模型最终得到-c 参数为 5.5954,-g 为 7.2862 和-p 为 0.0124,性能指标(MSE)最终为 1.365;宽度反演模型最终得到-c 参数为 6.654,-g 为 8.5487 和-p 为 0.1504,性能指标(MSE)最终为 4.557;深度反演模型最终得到-c 参数为 4.844,-g 为 9.6582 和-p 为 0.214,性能指标(MSE)最终为 0.765。最终结果长度的平均误差为 1.571,宽的平均误差为 5.613,深的平均误差为 0.624,皆满足要求。

与图 5.27 相比,可见效果好于 BP 模型,其对于反演大尺寸缺陷时误差很低,对小尺寸缺陷部分时误差也可满足要求。但是可以看出测试结果都不会超过训练数据的上限和下限,在实际应用中,靠近上限下限的结果的可信度会比较低。

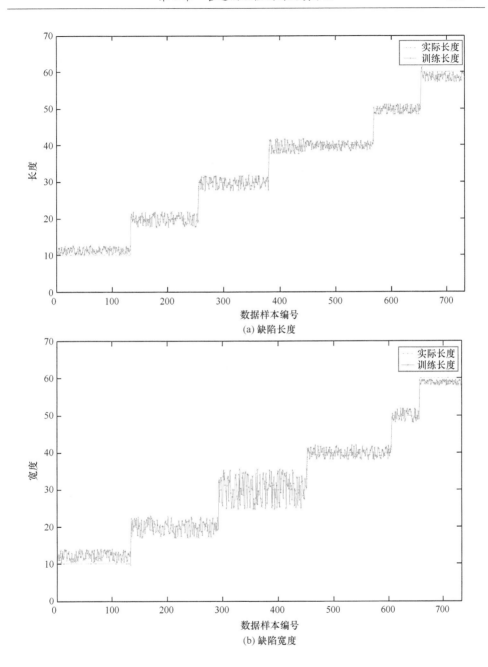

(a) 缺陷长度

(b) 缺陷宽度

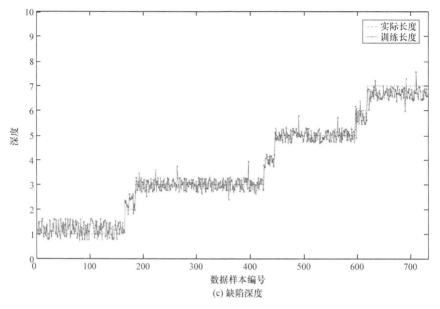

图 5.28　SVM 模型训练结果

5.7.3　随机森林反演结果

1. 决策树算法

根据表 5.2 中的特征数据,用全部数据作为样本集和测试集,生成回归树,得到结果如图 5.29 所示。

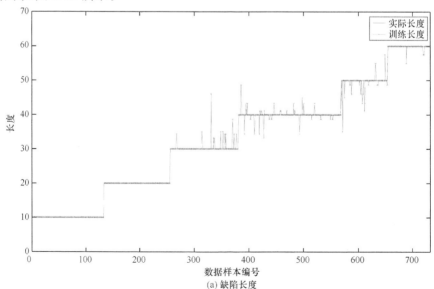

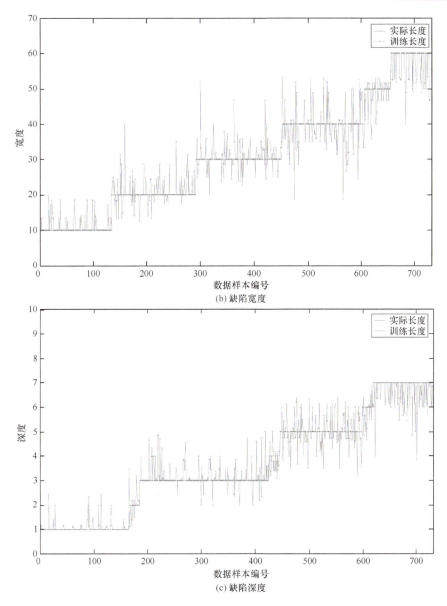

图 5.29　决策树数据训练结果

回归树模型效果测试如图 5.29 所示。其中缺陷长度的均方误差为 2.109,平均绝对误差为 0.337;宽度的均方误差为 11.238,平均绝对误差为 8.196;深度的均方误差为 0.2835,平均绝对误差为 0.2707。可以明显看出,回归树模型缺陷反演结果不会超过实际数据的最大值和最小值,因此,小尺寸缺陷的结果容易偏大,大尺寸缺陷结果容易偏小。但是回归树的误差相交其他方法,明显偏大,所以不建议使用回归树进行反演。

2. 随机森林算法

根据表 5.2 中的特征数据,用全部数据作为样本集和测试集,生成随机森林,得到结果如图 5.30 所示。

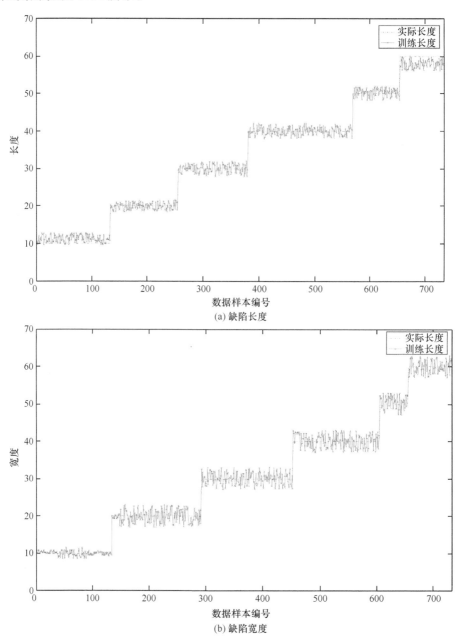

(a) 缺陷长度

(b) 缺陷宽度

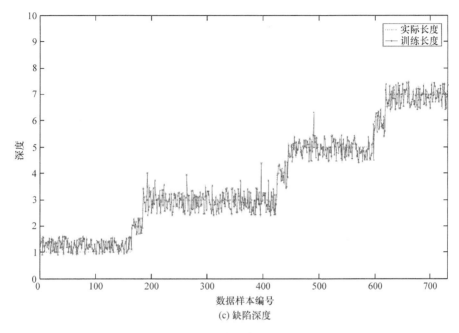

图 5.30　随机森林模型训练结果

　　随机森林模型效果测试如图 5.10 所示,树的数量上限都设为 2000,实际生成时缺陷长度反演的模型有 350 棵树,宽度反演模型有 1350 棵树,深度反演模型有 750 棵树。其中缺陷长度的均方误差为 1.211,平均绝对误差为 1.137;宽度的均方误差为 5.122,平均绝对误差为 4.661;深度的均方误差为 1.164,平均绝对误差为 1.153。随机森林模型是由很多个回归树组成,所以它的缺陷反演结果也不会超过实际数据的最大值和最小值,所以也存在小尺寸缺陷的结果容易偏大,大尺寸缺陷结果容易偏小的问题。但是随机森林的误差大小是令人满意的,所以可以考虑将反演的结果乘以相应系数来放大来使用。

参 考 文 献

[1] Amineh R K,Koziel S. A space mapping methodology for defect Characterization from magnetic flux leakage measurements [J]. IEEE Transactions on Magnetics. 2008, 44 (8): 2058-2065.

[2] Kathirmani S,Tangirala A K,Saha S. Mukhopadhyay. Inverse mapping of magnetic flux leakage signal for defect characterization[J]. NDT & E International,2012,50(9):1-9.

[3] Sheherbinin V E,Pashagin, A I. Fields of defects on the inner and outer surfaces of a tube-during circular magnetization[J]. Soviet Journal of Nondestructive Testing. 1972,8(2): 134-138.

[4] 宋小春,黄松岭,康宜华,等. 漏磁无损检测中的缺陷信号定量解释方法[J]. 无损检测. 2007

(7):206-209.

[5] 李路明,黄松岭,李振星,等. 铸铁件的漏磁检测方法[J]. 清华大学学报(自然科学版),2002,42(4):474-476.

[6] 杨理践,毕大伟,高松巍. 油气管道漏磁检测的缺陷量化技术的研究[J]. 计算机测量与控制,2009,17(8):1489-1491.

[7] 仲维畅. 20 年来中国磁偶极子理论研究进展[J]. 无损检测,2000,22(12):551-554.

[8] 陈正阁,王长龙,纪凤珠. 基于有限元法的输气管道漏磁场分析[J]. 天然气工业,2007,27(2):111-113.

[9] 王洪元,史国栋. 人工神经网络技术及其应用[M]. 北京:中国石化出版社,2002.

[10] 洪仁植,王树达,常亮. 基于 BP 神经网络的管道缺陷模式识别与精确定量识别[J]. 大庆石油学院学报. 2008(01):83-85,123-124.

[11] Ramuhalli P,Udpa L,Udpa S S. Electromagnetic NDE Signal Inversion by Function-Approximation Neural Networks. IEEE Transactions on Magnetics . 2002.

[12] Joshi A. Wavelet transform and neural network based 3D defect characterization using magnetic flux leakage. International Journal of Applied Electromagnetics and Mechanics. 2007.

[13] 李红,彭涛. 基于 BP、RBF 神经网络混凝土抗压强度预测[J]. 武汉理工大学学报,2009,31(8):33-36.

[14] Liang W,Zhang L,Xu Q,et al. Gas pipeline leakage detection based on acoustic technology [J]. Engineering Failure Analysis,2013,31:1-7.

[15] 王书舟,伞冶. 支持向量机的训练方法综述[J]. 智能系统学报学报,2012,33(5):898-903.

[16] 石辛民,郝整清. 机器学习及其 MATLAB 仿真[M]. 北京:清华大学出版社,2008,10-32.

[17] Zhao J,Wang Z L,Zhao Y B,et al. Application research of pipeline leakage detection and localization based on information fusion technology[J]. Computer Measurement & Control,2008,16(7):923-925.

[18] 田盛丰,黄厚宽. 支持向量机多专家决策算法[J]. 模式识别与人工智能,2006,11:90-92.

[19] Breiman L. Random Forests[J]. Machine Learning,2001,451.

[20] Dietterich T G. An experimental comparison of three methods for constructing ensembles of decision trees:bagging,boosting,and randomization[J]. Machine Learning,2000,402.

[21] Yang F,Lu W H,Luo L K,et al. Margin optimization based pruning for random forest[J]. Neurocomputing . 2012.

[22] Smith A,Boatwright B S,Mott J. Novel application of a statistical technique, random forests,in a bacterial source tracking study[J]. Water Research,2010,44/4.

第6章　漏磁检测信号呈现技术

6.1　引　　言

利用漏磁检测信号呈现技术,对海量的漏磁检测数据,以多种视图方式,如曲线视图、灰度视图和彩色视图等,将缺陷以图形的形式展示给检测人员,并对缺陷、焊缝、法兰等进行自动分析识别,给出缺陷的类别、位置、尺寸等特征,这样,检测人员只需对海量数据中有缺陷的数据图像进行人工分析,这将大大提高管道缺陷的分析、识别效率。

首先,对管道漏磁数据特征进行了解分析,将漏磁数据直接转化成屏幕上对应的点,生成一系列的漏磁曲线图形;再将检测到的海量的漏磁数据经过数据处理转换成对应的灰度值,由灰度值生成灰度图像;利用插值、滤波、锐化等图像增强手段进行图像处理,得到清晰的灰度图像,该灰度图像显示出管壁的缺陷和焊缝信息[1];经过 DirectRGB 法将生成的灰度图像转换成彩色图像,增强了管道内部特征信息的视觉效果。

6.2　漏磁信号曲线呈现方法

在漏磁数据的图像显示中,最常见的方式是曲线视图。曲线视图是人工分析管道缺陷的主要判断依据,检测人员根据曲线的波动变化来判断、识别缺陷或金属增加[2]。曲线视图上的每一条线代表沿管道移动的内检测器上的一个传感器的检测记录值,该传感器沿管道周向被布置在一个环形的传感器瓣上,但是,由于传感器瓣上沿管道周向布置的传感器的数量是有限的,因此,得到的传感器检测数据也是有限的。为了保证检测器的径向可伸缩性,方便检测器过弯或者适应管道变径等问题,传感器的瓣间距离需要远大于每瓣内两传感器间距。因此,在曲线视图的纵轴方向,以钟点位置的形式表示的传感器的检测数据就会是一条条间距不均匀的曲线。当重要信息恰好处在两条检测数据曲线之间时,而此处曲线间距过大,则会造成检测信息缺失,增加漏报率。因此,利用数据补偿技术对检测数据进行补偿,可以大大减少漏报率。对已检测到的数据,使用数据插值的方法,可以实现数据补偿[3],具体流程如图 6.1 所示。

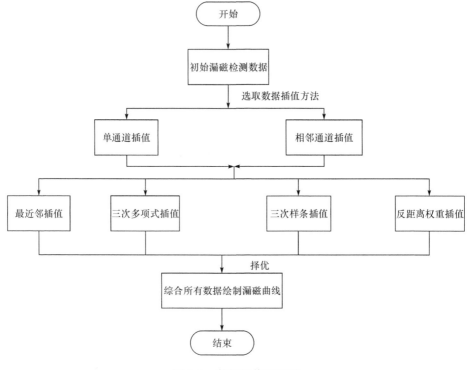

图 6.1　数据插值流程图

6.2.1　最近邻插值法

　　最近邻插值法就是使用与 (u_0, v_0) 点最近的点的检测值作为该点的检测值。插值误差是真实值与插值预测值的差,最近邻插值法只用到距离最近一个点的检测值,因此简单快捷。但是当周围的检测值差异较大时,此法的误差也较大,通过计算得到插值误差均方值为 0.0697,最近邻插值法的插值误差结果如图 6.2 所示。

图 6.2　最近邻插值法的插值误差

6.2.2　三次多项式插值法

如果曲线的变化规律较复杂,就不能简单地用最近邻点的检测值对其间的数据点进行插值。这时,可用在同一直线方向上的更多的采样点的检测值对该点做非线性插值。典型的有多项式插值。

已知数据表列

$$y_i \cong y(x_i) \tag{6.1}$$

试构造一多项式,使之在所有 x_i 处,满足 $y_i \cong y(x_i)$,则有

$$\begin{bmatrix} 1 & x_0 & x_0^2 & \cdots & x_0^n \\ 1 & x_1 & x_1^2 & \cdots & x_1^n \\ \vdots & \vdots & \vdots & & \vdots \\ 1 & x_n & x_n^2 & \cdots & x_n^n \end{bmatrix} \begin{bmatrix} c_0 \\ c_1 \\ \vdots \\ c_n \end{bmatrix} = \begin{bmatrix} y_0 \\ y_1 \\ \vdots \\ y_n \end{bmatrix} \tag{6.2}$$

考虑到检测数据量较大,一般取三次多项式($n=3$),精度基本可以保证。由于三次多项式法不仅考虑了最近邻曲线的检测值,而且考虑了周围曲线的检测值,经计算插值误差均方值为 0.0483,因此,与最近邻插值法相比,误差大大降低。图 6.3 为三次多项式插值误差结果。

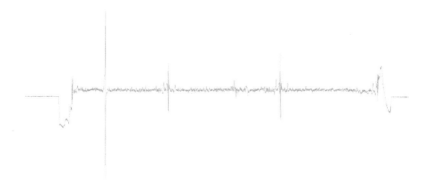

图 6.3　三次多项式插值法的插值误差

6.2.3　三次样条插值法

为了避免高次插值可能出现的大幅度波动现象,在实际应用中通常采用分段低次插值来提高近似程度,比如可用分段线性插值或分段三次埃尔米特插值来逼近已知函数,但它们的总体光滑性较差。为了克服这一缺点,一种全局化的分段插值方法——三次样条插值成为比较理想的工具。

三次样条插值(简称 Spline 插值)是通过一系列形值点的一条光滑曲线,数学上通过求解三弯矩方程组得出曲线函数组的过程。

三次样条函数定义:函数 $S(x) \in C^2[a,b]$,且在每个小区间 $[x_j, x_{j+1}]$ 上是三次多项式,其中 $a = x_0 < x_1 < \cdots < x_n = b$ 是给定节点,则称 $S(x)$ 是节点 $x_0, x_1, \cdots, x_n$ 上的三次样条函数。若在节点 x_j 上给定函数值 $Y_j = f(x_j)(j = 0,1,\cdots,n)$,并且 $S(x_j) = Y_j$ 成立,则称 $S(x)$ 为三次样条插值函数。

实际计算时还需要引入边界条件才能完成计算。边界通常有自然边界(边界点的导数为 0),夹持边界(边界点导数给定),非扭结边界(使两端点的三阶导与这两端点的邻近点的三阶导相等)。使用三次样条插值方法插值,经计算插值误差均方值为 0.0476,误差波动小于三次多项式插值。图 6.4 为三次样条法的插值误差结果图。

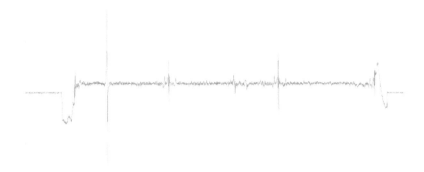

图 6.4　三次样条插值法的插值误差

6.2.4　反距离权重插值法

反距离权重插值法是基于 Tobler 定理提出的一种简单的插值法。其原理是通过计算未测量点附近各个点的测量值的加权平均来进行插值,根据空间自相关性原理,在空间上越靠近的事物或现象就越相似,则其在最近点处取得的权值为最大。因此,反距离权重插值法在近邻范围内插值误差对空间位置有着较强的依赖关系。一般表达式为

$$\tilde{y} = \frac{\sum\limits_{i=1}^{n} y_i / d_i^r}{\sum\limits_{i=1}^{n} 1 / d_i^r} \tag{6.3}$$

其中,取 $r = 2, n = 10$。

反距离权重插值法的误差均方值为 0.0739,与三次多项式插值法和三次样条插值法相比误差偏大,但误差在可接受范围之内。图 6.5 为反距离权重插值误差结果图。

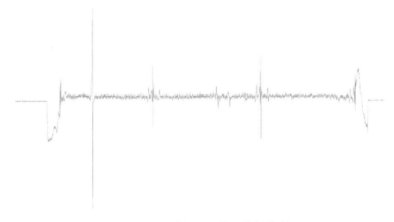

图 6.5　反距离权重插值法的插值误差

6.2.5　插值前后对比图

　　图 6.6 和图 6.7 分别是对检测到的数据使用三次样条插值前后的效果对比图。由图 6.7 发现,用数据插值的方法,可以实现数据补偿,避免造成检测信息缺失,减少漏报率。

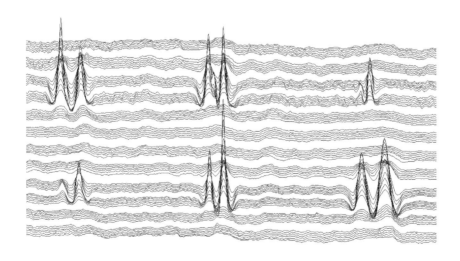

图 6.6　插值前检测数据效果图

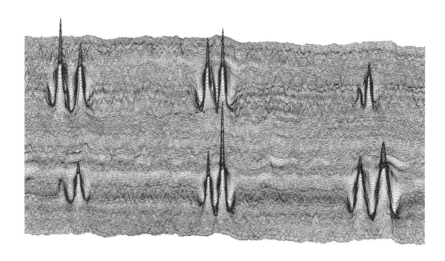

图 6.7　插值后检测数据效果图

6.3　漏磁信号灰度图呈现方法

颜色可分为黑白色和彩色。黑白色指不包含任何的彩色成分,仅有黑白色组成。在 RGB 颜色模型中,若 $R=G=B$,则颜色(R,G,B)表示一种黑白颜色;其中 $R=G=B$ 的值叫做灰度值,所以黑白色又叫灰度颜色。且彩色和灰度之间可以互相转换,由彩色转换为灰度的过程叫做灰度化处理。灰度化就是使彩色的 R、G、B 分量值相等的过程。对 24 位图形来说,由于 R、G、B 的取值范围是 0~255,所以灰度的级别只有 256 级,即灰度图仅能表现 256 种颜色(灰度)[4]。

虽然检测人员根据曲线视图中曲线的波动情况来定性缺陷特征是常见的方法,但是,由于曲线视图的查看不够直观,大量曲线常常干扰人的判断,以致影响数据分析的质量。因此,选择其他的数据显示方式作为对比,使得查看更加方便、直观,可以大大减少出错的概率[1]。所以灰度图就是根据漏磁信号数值的大小,用不同的灰度等级与之对应进行显示的一种视图方式。在 0~255 的灰度等级中,0 代表的是纯黑颜色,255 则是纯白颜色,中间的灰度等级则表示从纯黑到纯白的渐变颜色。根据漏磁数据数值的大小,将其与特定的灰度颜色等级对应,生成相应的灰度图。

灰度图生成的流程图如图 6.8 所示。

(1) 获取每个通道的每个漏磁数据对应的灰度值。为此,以某一灰度值作为灰度图的灰度等级升降变化的基准,此基准可根据漏磁数据值平均值设定,以使灰度图有最好的效果。假设当前灰度基准值为 G_b,当前漏磁数据点数值为 y_i,其所

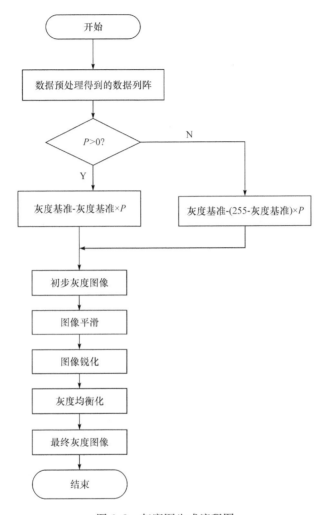

图 6.8　灰度图生成流程图

在通道数据平均值为 $\overline{y}_{pi}$,则将灰度基准值 G_b 与其数值平均值 y_i 相对应,然后当数据值在平均值基础上按一定比例 k 增大或减小时,其所对应的灰度值也一样随灰度基准值按此比例 k 进行增大或减小。

令比例

$$k = (y_i - \overline{y}_{pi})/\overline{y}_{pi} \tag{6.4}$$

则灰度的计算公式为

$$G_i = \begin{cases} G_b - kG_b = G_b \cdot (1-k), & k \geqslant 0 \\ G_b - (255-k) \cdot G_b, & k < 0 \end{cases} \tag{6.5}$$

但是处理过程中,灰度值 G_i 必须为整数,所以采取四舍五入的取整方法。另外,G_i 取值范围为 $0 \sim 255$,故当 $|k| > 1$ 时,令其取 $|k| = 1$,即当超出灰度等级范围时,用灰度等级的最大值或最小值代替。

(2) 根据得到的这些灰度值和每个传感器占用的宽度,当画某一个数据时,用其对应的灰度值颜色作为画笔的颜色,沿屏幕的垂直方向画一条和对应传感器宽度一样长的短线,短线的位置由横轴位置来决定,画出对应的初步灰度图形。

(3) 但是按照上述方法画出的灰度图由于数据点有限,显示分辨率低,只形成由水平宽带组成的图形,因此需要对其进行插值处理,使宽带的宽度变窄,且灰度颜色之间能更好地过渡,让观察者不易察觉颜色的突变。

(4) 插值处理后,为了使图像更清晰,采用图像平滑处理。

(5) 为了突出缺陷边界,采用图像锐化处理。

图 6.9 为锐化后得到的一个灰度视图。

图 6.9　锐化后的灰度视图

(6) 灰度图的自适应调整。

为了增强图像对比度,使缺陷更加明显,设计了一种 MATLAB 自适应算法,自适应后的图 6.9 如图 6.10 所示。

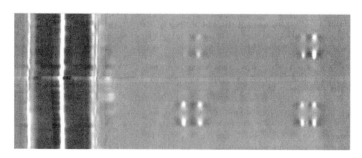

图 6.10　自适应后的灰度图

其中法兰、焊缝、缺陷的视图如图 6.11、图 6.12、图 6.13 所示。

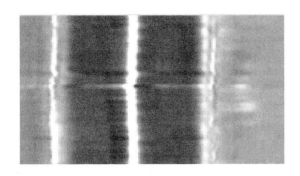

图 6.11　法兰灰度视图

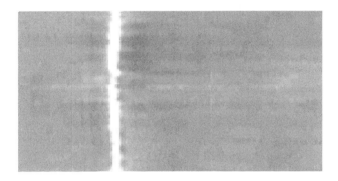

图 6.12　焊缝灰度视图

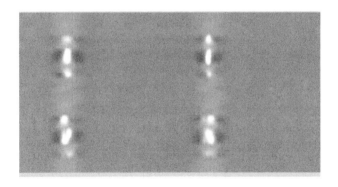

图 6.13　缺陷灰度试图

6.4　漏磁信号彩色图呈现方法

　　漏磁数据图像在生成过程中,受通道带宽和噪声等诸多因素影响,形成的灰度视图图像清晰度不高且对比度较低。当灰度视图中有细小差别时,人眼很难察觉,而人眼对彩色分辨极为敏感,故对灰度视图采用伪彩色处理手段,就可以得到看起来自然、清晰的伪彩色图像,即彩色视图,帮助检测人员能够更好地对数据细小变化进行察看。彩色图生成的流程图如图 6.14 所示。

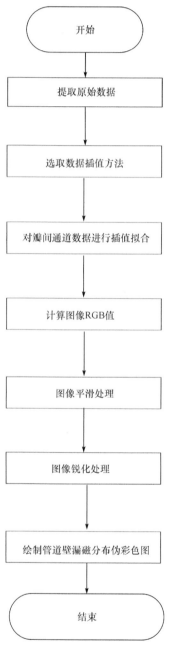

图 6.14　彩色图生成流程图

　　伪彩色处理方法很多,如灰度级-彩色变换法、热金属编码法、彩虹编码法、频域转换法、HIS 方法、HIS-RGB 转换方法和 DirectRGB 方法等,根据图像显示效果,选择最佳的一个方法产生彩色图,如图 6.15 所示,下面将分别介绍这几种方法。

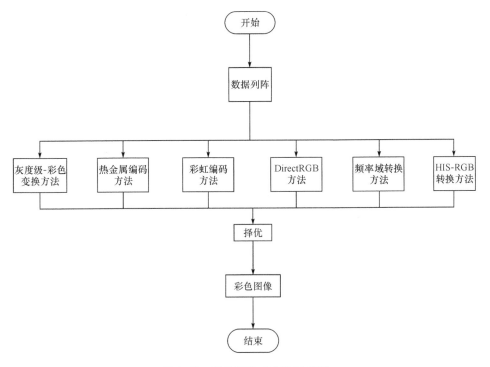

图 6.15　彩色图生成方法示意图

6.4.1　频率域转换方法

　　傅里叶变换在实际中有非常明显的物理意义,设 f 是一个能量有限的模拟信号,则其傅里叶变换就表示 f 的谱。从纯粹的数学意义来看,傅里叶变换是将一个函数转换为一系列周期函数来处理的。从物理效果看,傅里叶变换是将图像从空间域变换到频率域,换句话说,傅里叶变换的物理意义是将图像的灰度分布函数变换为频率分布函数,Fourier 变换可以得出信号在各个频率点上的强度,最后转化为彩色图像,如图 6.16 所示。

　　但是用这种方法进行缺陷显示时,其红色背景易造成误解,缺陷区域不明显。

6.4.2　灰度级彩色变换方法[5]

　　灰度级彩色变换法是伪彩色处理中常用的一种变换方法,其原理是将灰度图

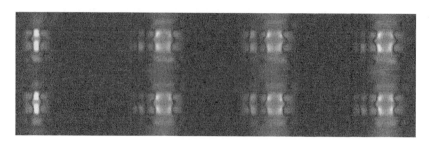

图 6.16　频率域转换生成的彩色图

中的各灰度值送入不同变换规则的 R、G、B 变换器中,分别对其进行编码,产生 R、G、B 彩色空间的三个分量,再将 R、G、B 三基色按照不同分量的相应比例合成对应的彩色,其生成过程可以采用关系式(6.6)~(6.8)表示:

$$R(x,y)=f_R[f(x,y)] \tag{6.6}$$

$$G(x,y)=f_G[f(x,y)] \tag{6.7}$$

$$B(x,y)=f_B[f(x,y)] \tag{6.8}$$

其中,$f(x,y)$ 表示图像中坐标 (x,y) 处像素点的灰度值,$R(x,y)$、$G(x,y)$、$B(x,y)$ 为 $f(x,y)$ 映射到 RGB 空间的红、绿、蓝三色的分量值,f_R、f_G、f_B 为给定的不同映射函数,该方法对连续的灰度值可以产生连续的彩色,如图 6.17 所示。

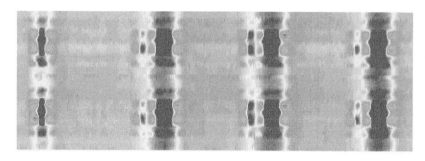

图 6.17　灰度级彩色变换法生成的彩色图

但是这种方法颜色对比度过高,缺陷区域的显示扩大。

6.4.3　热金属编码方法[5]

热金属编码是伪彩色处理中常用的一种编码方法,它根据金属温度的变化将图像颜色主要分为蓝色(代表低温物体)、红色(代表中温物体)和黄色(代表高温物体)这三个部分,各部分之间实现线性的颜色过渡,按照热金属编码进行颜色显示的方法比较符合人们的视觉习惯。

在热金属编码方法中,R、G、B 变换器的变换函数表达式分别为

$$R(x,y) = \begin{cases} 0, & 0 \leqslant f < 64 \\ 255(f(x,y)-64)/64, & 64 \leqslant f < 128 \\ 255, & 128 \leqslant f < 256 \end{cases} \quad (6.9)$$

$$G(x,y) = \begin{cases} 0, & 0 \leqslant f < 128 \\ 255(f(x,y)-128)/96, & 128 \leqslant f < 224 \\ 255, & 224 \leqslant f < 256 \end{cases} \quad (6.10)$$

$$B(x,y) = \begin{cases} 0, & 0 \leqslant f < 64 \\ 255(128-f(x,y))/96, & 64 \leqslant f < 128 \\ 255, & 128 \leqslant f < 256 \end{cases} \quad (6.11)$$

将漏磁图像中的各灰度值按照热金属编码中各变换表达式进行变换,即可得到相应的彩色值,如图 6.18 所示。

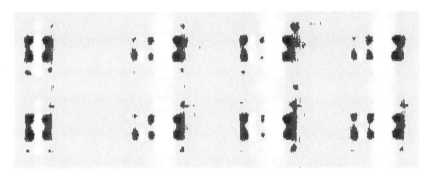

图 6.18　热金属法生成的彩色图

但是,这种方法显示的缺陷黄色背景太亮,缺陷区域不明显,显示效果欠佳。

6.4.4　彩虹编码方法[5]

彩虹编码是伪彩色处理中常用的一种编码方法,根据彩虹的颜色变化将图像主要分为红色、绿色和蓝色这三分,各部分之间同样实现线性的颜色过渡,变换后得到的颜色鲜艳、色彩丰富且层次较多 。在彩虹编码方法中 R、G、B 三种变换器的变换函数表达式分别为

$$R(x,y) = \begin{cases} 0, & 0 \leqslant f < 96 \\ 255(f(x,y)-96)/64, & 96 \leqslant f < 160 \\ 255, & 160 \leqslant f < 256 \end{cases} \quad (6.12)$$

$$G(x,y)=\begin{cases}0, & 0\leqslant f<32\\255(f(x,y)-32)/64, & 32\leqslant f<96\\255, & 96\leqslant f<160\\255(f(x,y)-32)/64, & 160\leqslant f<192\\255(f(x,y)-192)/64, & 192\leqslant f<256\end{cases} \tag{6.13}$$

$$B(x,y)=\begin{cases}255, & 0\leqslant f<96\\255(128-f(x,y))/64, & 96\leqslant f<128\\0, & 128\leqslant f<192\\255(f(x,y)-192)/64, & 192\leqslant f<256\end{cases} \tag{6.14}$$

将漏磁图像中的各灰度值按照彩虹编码中各变换表达式进行变换,即可得到相应的彩色值,如图 6.19 所示。

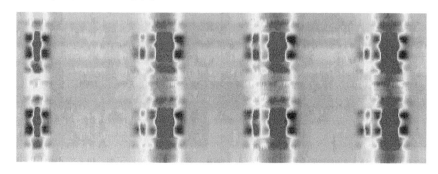

图 6.19　彩虹编码法生成的彩色图

但是这种方法的颜色对比度较高,缺陷区域显示扩大,显示效果欠佳。

6.4.5　HIS-RGB 转换法

(1) 将具有 256 级的灰度图像,用 $g(x,y)$ 表示任意空间点 (x,y) 处的灰度值,其中 $0\leqslant g(x,y)\leqslant255$。

(2) 为保证伪彩色图像的亮度和灰度图像的灰度一致,令

$$I=g(x,y) \tag{6.15}$$

(3) 为使不同灰度与不同的颜色相对应,令

$$H=\frac{2\pi g(x,y)}{256} \tag{6.16}$$

式中的系数保证了当灰度级 $g(x,y)$ 在 0~255 变化时,H 在 0~2π 范围内变化。

(4) 由 HIS 空间形状,将 S 设置成分段函数

$$S=\begin{cases}kg(x,y), & g(x,y)\leqslant127\\k(255-g(x,y)), & g(x,y)>127\end{cases} \tag{6.17}$$

当 k 取 1.5 时,每一种颜色都能得到最大饱和度,但此时颜色过于鲜艳,容易

引起视觉疲劳或其他不良心理反应。

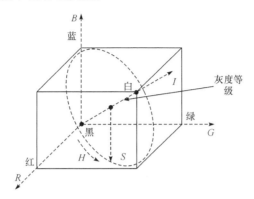

图 6.20 HIS 与 RGB 在颜色立方体上的关系图

（5）从 HIS 空间到 RGB 空间转换。HIS 与 RGB 在颜色立方体上的关系如图 6.20 所示，从两种颜色表示方法的空间转换关系，可以得到，I 的方向为 RGB 颜色立方体的对角线方向，H 和 S 为在垂直于 I 的平面上的一对极坐标。H 的方向角初值可以选择成任意方向，而 S 是立柱内功心向外的距离值，从而有其数学转换关系。假设将蓝色方向定位 $H=0$，则从 HIS 空间到 RGB 空间的变换关系为

$$\begin{bmatrix} R \\ G \\ B \end{bmatrix} = \begin{bmatrix} 1 & -0.204124 & 0.612372 \\ 1 & -0.204124 & -0.612372 \\ 1 & 0.408248 & 0 \end{bmatrix} \begin{bmatrix} I \\ S \cdot \cos H \\ S \cdot \sin H \end{bmatrix} \tag{6.18}$$

经过上述转换，可实现由灰度向伪彩色转换，即漏磁数据由灰度图像转换为彩色图，如图 6.21 所示。

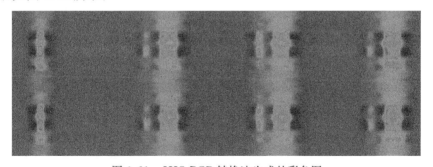

图 6.21 HIS-RGB 转换法生成的彩色图

但是这种方法生成的彩色图颜色对比度低，缺陷区域显示不明显。

6.4.6 DirectRGB 方法

NTSC 为显示器上显示彩色图像而提出的 RGB 彩色系统模型，是最重要的工

业颜色模型。RGB 颜色系统构成了一个三维的彩色空间(R、G、B)坐标系中的一个立方体,R、G、B 是彩色空间的三个坐标轴,每个坐标都量化为 0～255,0 对应最暗,255 对应最亮。这样所有的颜色都位于一个边长为 256 的立方体内。彩色立方体中任意一点都对应一种颜色,黑色(0,0,0)位于坐标系原点,其中 $0 \leqslant R \leqslant 255$,$0 \leqslant G \leqslant 255$,$0 \leqslant B \leqslant 255$。

RGB 颜色空间是图像处理中最基础的颜色模型,是在配色实验的基础上建立起来的。RGB 颜色空间建立的主要依据是人的眼睛有红、绿、蓝三种色感细胞,它们的最大感光灵敏度分别落在红色、蓝色和绿色区域,其合成的光谱响应就是视觉曲线,由此推出任何色彩都可以由红、绿、蓝三种基色配置。

DirectRGB 方法是根据原始数据的高斯值计算 R、G、B 的值,得到最终的 RGB 图像。

具体方法是:

(1) 对所有点的 RGB 值固定取 $B = 1$。

(2) 将原始数据的按高斯值从小到大排列,取最小的 1% 和最大的 1%,令其 G 固定为 20,其余的点其 G 固定为 200。

(3) 对所有点的 R 值,分为四种情况:

① 数值处于最小 1% 区间的,R 值在 250 左右;

② 数值处于最小 1% 以上又小于平均值的,R 值在 0～128 之间线性递增;

③ 数值处于平均值以上又小于最大 1% 的,R 值在 128～255 之间线性递增;

④ 数值处于最大 1% 区间的,R 值在 250 左右。

最后,组合后的效果为:

正常数据(处于 1%～99% 之间的值),其 $B = 1$,$G = 200$,R 在 0～255 之间,呈现出绿色的主体颜色,部分也呈现为黄色;异常数据(处于最大和最小 1% 的值),其 $B = 1$,$G = 20$,R 在 250 左右,基本呈现出红色或深红色,如图 6.22 所示。

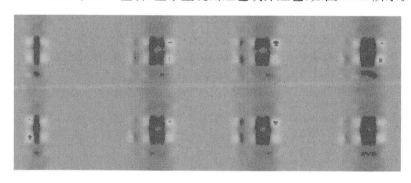

图 6.22　DirectRGB 方法生成的彩色图

其中法兰、焊缝、缺陷的彩色视图如图 6.23、图 6.24、图 6.25 所示。

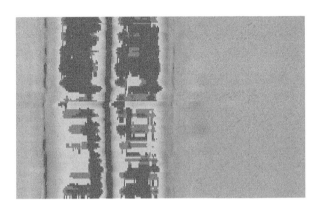

图 6.23　法兰彩色视图

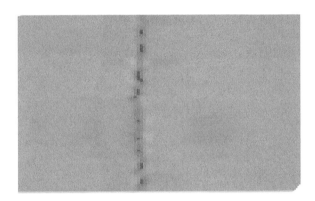

图 6.24　焊缝彩色视图

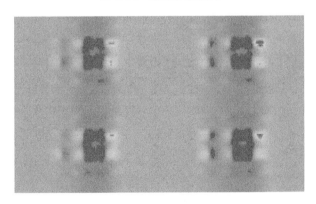

图 6.25　缺陷彩色视图

　　综上所述,彩色视图相比灰度视图能够更好地对数据细小变化进行察看,人的肉眼可以更加清晰地识别管道的各种信息和缺陷特征。

参 考 文 献

[1] 姜文特.管道漏磁内检测数据可视化技术研究[D].沈阳工业大学,2012:18-41.

[2] 朱红秀,杨博玺,黄松岭.管道漏磁检测系统中数据显示方法[J].无损检测,2013,9:5-9.

[3] 杨理践,姜文特,高松巍.管道漏磁内检测缺陷可视化方法[J].无损探伤,2012,2:1-3.

[4] 赵小川.MATLAB图像处理-程序实现与模块化仿真[M].北京:北京航空航天大学出版社,2014:152-156.

[5] 彭莉莎,王坤,刘欢,等.漏磁图像的改进灰度级-彩色变换法[J].清华大学学报,2015,55(5):592-596.